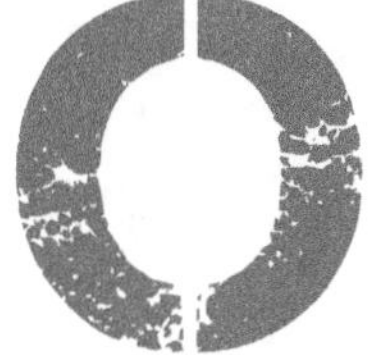

OBJETIVOS DESARROLLO SOSTENIBLE

O D S

LAS VOCES DE LA UNIVERSIDAD Y LA EMPRESA

COORDINADORES:

JUAN BENAVIDES DELGADO - ALMUDENA DÍEZ BARBA - JAVIER CAMACHO IBÁÑEZ

KOLIMA
BOOKS

Título original: *ODS. Las voces de la universidad y la empresa*

Primera edición: Marzo 2022
© 2022 Editorial Kolima, Madrid
www.editorialkolima.com

Autores: varios
Coordinadores: Juan Benavides Delgado, Almudena Díez Barra, Javier Camacho Ibañez
Dirección editorial: Marta Prieto Asirón
Maquetación de cubierta: Beatriz Fernández Pecci
Maquetación: Carolina Hernández Alarcón

ISBN: 978-84-18811-61-6

ÍNDICE

PRÓLOGO

Quiero agradecer, en primer lugar, la oportunidad de prologar este magnífico compendio de artículos escritos con el propósito común de difundir el papel integrador de la Agenda 2030 de Naciones Unidas.

A lo largo de sus páginas, el libro se va configurando como un verdadero crisol de reflexiones de investigadores, profesores universitarios, empresarios y otros profesionales que, cada uno desde su perspectiva, analizan los retos y oportunidades de este gran proyecto de transformación global.

Pocos meses después de comenzar esta «década de la acción», que nos debe llevar a alcanzar los 17 Objetivos de Desarrollo Sostenible, la pandemia supuso un parón imprevisto y devastador en muchos sentidos. Sin embargo, es nuestro deber emerger de esta crisis acelerando el avance hacia la consecución de los ODS, con el propósito inequívoco de crecer más rápido, y hacerlo también de una forma más inclusiva.

No debemos olvidar que la Agenda 2030 implica, ante todo, un cambio radical en los modelos socioeconómicos previos a la irrupción del Covid-19. Las experiencias del último año y medio, a menudo adquiridas con gran dolor, pero también dotadas de un enorme calado, deben llevarnos a repensar nuestro modo de actuar.

Pero, como se menciona en este libro, no se trata únicamente de intentar hacer las cosas bien, sino de hacerlas «conscientemente bien», es decir, enfocando nuestras acciones hacia el cumplimiento de los objetivos marcados y actuando de forma coherente con las posibilidades reales y la responsabilidad de cada uno.

En definitiva, debemos emprender entre todos una espiral de transformación que, a través de nuestras propias actividades y tareas, impulse también las de quienes nos rodean. Y, para poder contribuir a esta gran tarea colectiva, los objetivos de cada agente, ya sean individuos, empresas o administraciones, deben ser lo suficientemente ambiciosos, pero a la vez reales y concretos. Solo así podremos superar inercias históricas que en muchos casos lastran nuestra capacidad para mejorar.

Esta forma de actuar concuerda a la perfección con el modelo que Iberdrola lleva poniendo en práctica más de veinte años, y que se fundamenta en dos pilares: la innovación como herramienta estratégica que garantiza la eficiencia y la competitividad de todas nuestras iniciativas y el establecimiento de alianzas como elemento fundamental para afrontar un desafío que por naturaleza es compartido.

Sobre estas bases, llevamos décadas demostrando que el compromiso con el cuidado del entorno y el desarrollo sostenible es plenamente compatible con el crecimiento, la rentabilidad y la creación de valor para todos.

Animo al lector a descubrir en los artículos que componen esta obra nuevas ideas para la acción coordinada de individuos, empresas y administraciones para el impulso de la Agenda 2030 y, con ella, de una nueva forma de progreso más ética y sostenible en beneficio del conjunto de la sociedad.

Dolores Herrera Pereda
Directora de Cumplimiento de Iberdrola

PREFACIO
A GRANDES DESAFÍOS, PROPUESTAS
INNOVADORAS: EL RETO DE LA COLABORACIÓN

No es ningún secreto para nadie el hecho de que, cuanto más complicadas sean las circunstancias y más arduos se ofrezcan los problemas a los que nos haya de tocar enfrentarnos –sobre todo cuando se hace con el ánimo decidido de empeñarse en su resolución–, mayores habrán de ser los esfuerzos que toque aplicar; y mejores y más oportunos debieran de acabar siendo los modos de implementar las acciones diseñadas al efecto.

Este principio –por lo demás obvio y universalmente aceptado como máxima de actuación–, conoce, en este libro que el lector tiene abierto ante sus ojos, una de las más inmediatas concreciones, toda vez que es el resultado final de un esfuerzo de colaboración dirigido a contribuir a la consecución de un objetivo complejo, dificultoso, sí, pero precisamente por ello impostergable y absolutamente necesario: la mejora del modo en el que nos organizamos como sociedad global para, a partir de este primer cuarto de siglo del tercer milenio, atender con eficacia y prudencia a la dimensión económica de la vida humana: de todo el hombre y de todos los hombres –como hasta no hace tanto se decía–, como no podría haber sido de otra manera, pues se entendían incluidos todas los seres humanos, sin perjuicio de su sexo, raza, cultura o condiciones variables y accidentales de cualquier tipo.

El hecho es que los desafíos a los que como humanidad nos enfrentamos todos sin excepción en este cuarto de luna de la historia en que nos está tocando vivir y convivir hace tiempo están razonablemente bien identificados. Resultan, cierto es, retadores en grado sumo: de un lado hay que preservar las condiciones que posibilitan, no solo la pervivencia de la especie, en natural simbiosis con los demás seres vivos en el marco telúrico de un admirable y misterioso cosmos en expansión, sino también lo que siempre ha estado implícito y que, por lo demás, se deriva como aspiración físico-teleológica y moral: de una parte, el florecimiento más pleno posible a escala individual, y de otra la más cumplida humanización de la vida en términos de la especie en su conjunto.

Los recursos naturales de que disponemos para ello son limitados —esto es, económicos—, y en consecuencia tienen que ser administrados con prudencia y buen criterio, tanto técnico cuanto, sobre todo, ético.

La dimensión moral de la *praxis* y la actividad económica corre pareja a las exigencias éticas que se reclaman a una teoría que haya de cristalizar en una bien perfilada ciencia para una gestión eficiente y justa de la escasez. Por lo demás, en este momento histórico, la conexión entre ambas dimensiones, la teórica y la práctica, no puede, como es sabido, resultar más palmaria. Ello, sin embargo, no significa ni mucho menos que se trate de algo nuevo o absolutamente inédito en el desplegarse de lo humano sobre el planeta. Nada más lejos de la realidad.

De hecho, en ese despliegue de potencias y capacidades ante la naturaleza para aprovecharla a favor de las metas y aspiraciones de la humanidad, radicó desde siempre la tarea moral de la especie humana. Se trata ni más ni menos que de una dimensión antropológica que los seres humanos hemos venido teniendo ante nosotros desde el punto y hora en que el proceso de hominización hubo dado como resultante a *Sapiens*. Esto es, a un homínido humanizado que estuvo en condiciones de extenderse y poblar la Tierra; y, al paso que someterla a sus designios, estar en condiciones de administrarla con buen criterio técnico y sensatez moral.

El pistoletazo de aquel Informe al Club de Roma sobre «los límites del crecimiento», prolongado con la acuñación una década más tarde del concepto de «desarrollo sostenible» como aspiración, fue jalonando un camino que nos ha traído finalmente hasta lo que hoy tenemos ante nuestros ojos como tarea común en la que implicarnos múltiples agentes: cada cual desde su peculiaridad y concreta idiosincrasia. A saber, los Objetivos del Desarrollo Sostenible, en el marco de la denominada Agenda 2030.

Para que el «fetichismo gnoseológico» del «pensamiento-Alicia» –Gustavo Bueno *dixit*– no acabe malogrando ni echando a perder las virtualidades de unas propuestas razonables y sensatas, conviene ante todo tratar de deshacerse de buena parte de la retórica más vacua e insustancial adherida al fenómeno y quedarse con lo sustancial, con lo medular, con lo que sin duda tiene más recorrido y a lo que merece la pena dedicar los esfuerzos.

Entre la hojarasca prescindible están muchas de las formas y maneras de envolver los mensajes –pienso en el lenguaje sedicente inclusivo, al que mejor cabría denotar de redundante–, igual que la proliferación de mantras y la generalización de clichés ribeteados de eufemismos… todo ellos, recursos del fetichismo gnoseológico al que acabo de hacer referencia: una manera de «pensar» (¡) que parece, contra toda lógica, tener asumido de forma simplista, no ya aquello de Parménides de que «lo mismo es decir que ser» –que así se habría de traducir la expresión griega del *Poema* del eleático–, sino algo más fantástico y mágico aún que con decirlo ya está hecho: que el mejor de los mundos está ya aquí entre nosotros, y que lo hemos hecho emerger a golpe de elocución. Que, en definitiva, es suficiente con verbalizar cualquiera de los «rotulillos» a la moda –«sostenibilidad» o «bueno para el planeta», por solo dar un par de botones de muestra–, para que, como por ensalmo, se remede aquel *fiat* con el que Padre Eterno separara la luz de las tinieblas «en el día primero».

Porque, cuando hacemos abstracción –¡a veces cuesta ímprobo trabajo!– de los afeites y los marbetes, de las ligas y trampantojos que tanto proliferan en estos ámbitos, y cuando nos quedamos con lo sustantivo, vemos ofrecerse un quehacer en el que merece la pena implicarse: colaborar para conseguir un mundo más justo, más humano, más sostenible e igualitario; construir una realidad que facilite el despliegue de las capacidades de todas las personas, asumiendo como axioma el más exquisito respeto hacia un entorno ecológico del que vivimos y en el que –mediante una sensata administración de sus recursos– aspiramos a seguir viviendo de manera plena, tanto nosotros que ahora estamos en él, cuanto las generaciones futuras que habrán de acabar llegando a la vida en el futuro.

Para conseguir aquel fin –lo mismo da que se concrete en 17 Objetivos que en 14; como irrelevante resulta que se sustancie en 169 metas o que lo haga en solo 53–, tenemos que implicarnos todos y trabajar juntos: el *cum-laborare* del latín, que en griego se vierte por el potente concepto de *sin-ergon*, y de ahí, sinergia. Aquel resultado en el que el todo es mayor que la mera suma de las partes y donde se pueden esperar, no solo saltos cualitativos, al fin y al cabo, sino sobre todo propuestas concretas de innovación social capaces de mejorar las condiciones de vida de todos, y además hacerlo de manera sostenible.

En la tarea colaboradora en pro de un mundo más justo a favor de una economía sostenible, en la apuesta por una empresa responsable y una gestión comprometida con la búsqueda de resultados económicos, sí… pero también sociales y medioambientales. En un itinerario tan exigente y retador que, en definitiva, aspira a una humanidad más humanizada, habrán de tener cabida todos: las personas, individualmente consideradas; los grupos y asociaciones intermedias, conformadores de la sociedad civil; las Administraciones públicas, en los distintos niveles: desde el ayuntamiento al radio organizativo que proceda y cuando proceda a escala universal. Por supuesto, en este concierto deben tener también entrada, por propio derecho, los agentes económicos más señeros: las empresas mercantiles y, entre otras, las instituciones financieras.

Uno de los 17 Objetivos para el Desarrollo Sostenible –el decimoséptimo– reclama expresamente la articulación de alianzas estratégicas entre distintos agentes con el ánimo de sumar esfuerzos, cada uno desde su idiosincrasia, pero todos ellos orientados hacia una tarea común y compartida.

Precisamente este libro que el lector tiene entre sus manos constituye uno de los subproductos más tangibles del fruto de la colaboración entre, de una parte, una generosa empresa que financia un proyecto académico, Iberdrola-; un medio de comunicación que difunde y transfiere ideas y conocimiento para abonar el debate social y enriquecer la reflexión, Diario Responsable; una empresa editora de libros con valores, Kolima-; y una institución universitaria, la Cátedra Iberdrola de Ética Económica y Empresarial de la Universidad Pontificia Comillas. En el marco de una tal colaboración estratégica –bien institucionalizada, como es el caso– y haciendo cada uno su correspondiente parte del trabajo, entre todos buscamos dar cauce a la voz de muy sugerentes aportaciones.

Los coautores de los artículos y de las reflexiones que conforman este volumen representan un variado y amplio espectro de actividad: unos son investigadores; otros, profesores universitarios o académicos que desarrollan su quehacer en escuelas de negocios y de administración de empresas. Hay también entre ellos directivos de empresa y profesionales de distintas áreas –desde el ámbito del Derecho al propio de los medios de comunicación–. Todos ellos, sin embargo, comparten un mismo sentir: aportar ideas que den que pensar, y contribuir, siquiera sea de manera indirecta, a la propuesta de formas más eficientes y justas a la hora de gestionar empresas y organizaciones que, en definitiva, hayan de ir ayudando a construir un mundo más decente donde el progreso de lo humano sea, no solo posible, sino alcanzable.

José Luis Fernández Fernández
Cátedra Iberdrola de Ética Económica y Empresarial
Facultad de Ciencias Económicas y Empresariales ICADE
Universidad Pontificia Comillas

INTRODUCCIÓN
LAS OPINIONES TAMBIÉN PUEDEN INCIDIR EN LA VERDAD SOBRE ALGO

En la actualidad la vida cotidiana se ha convertido en nuestro principal y casi único referente. En ese ámbito de actuación, las opiniones son la principal compañía de la mayoría de los ciudadanos. Los medios de comunicación y las herramientas aportadas por la sociedad digital se convierten en sus principales argumentos. Dirigentes, políticos, y por supuesto *influencers*, al amparo de las redes sociales exponen con redundancia opiniones, aunque estas sean contradictorias, innecesarias y muchas veces vacías de sentido. El entorno que nos rodea, globalizado y fragmentado al mismo tiempo, es de un enorme pluralismo en lo que afecta a la cultura y las creencias. Vivimos en un contexto donde, con independencia de investigaciones serias que pocos leen y menos entienden, solo cabe la valoración vacía o el juicio equívoco. Opiniones y opiniones vacías. La autorreflexividad, consciente o inconsciente, permite a cada cual ejercer el derecho de decir lo que piensa sobre lo que quiera, aunque incluso desconozca los contenidos sobre los que habla. Tal vez habría que diferenciar opinión de Opinión (con mayúscula) con criterio, ya que, aun siendo muy parecidas, la segunda tiene mayor sustrato y no suena tan «hueca».

Es en este campo de las opiniones con criterio, donde la empresa y la universidad, lejos de minusvalorar esa situación, entienden la importancia de aportar a la sociedad opiniones suficientemente fundamentadas que ayuden a los debates y mejor comprensión de los problemas. Esta es la idea que se fraguó en el ámbito de varios grupos de profesores y empresarios, que debatieron durante más de dos años los contenidos derivados de la Agenda 2030, y todo con un único fin: ayudar en el camino de lo que supone la Agenda 2030 en la búsqueda de un conocimiento cada vez más cercano a la verdad de lo que sucede. Porque lo que ocurre en la realidad social es un conjunto de cambios, algunos de los cuales suponen transformaciones en la mentalidad de las personas, que no siempre se explican o se razonan. Porque, en efecto, más allá de lo que cabe observar en tratados e investigaciones, las opiniones suficientemente fundamentadas pueden ayudar al conocimiento de la verdad sobre algo.

La antigua distinción que nos ofreciera Platón en su *República* (V, 477 A-480 A) entre lo que se conoce y lo que no se conoce, abría precisamente la existencia de la opinión; porque, en efecto la opinión –la *doxa*– se sitúa en ese camino intermedio entre el puro conocimiento, la ciencia –la *episteme*–y el puro no ser. Pero para Platón esa opinión se configura como una especie de saber intermedio, que tiene la capacidad de hacer algo que no hace la ciencia, pero que a la vez tiene la capacidad de juzgar sobre la realidad de lo que sucede, de juzgar sobre las apariencias (477 E) y ofrecer ángulos y perspectivas alternativas a muchos problemas que pueden plantearse.

Desde estas reflexiones, la opinión se configuraba como un aspecto que podía influir incluso en la ciencia, porque era capaz de introducirse en el mundo de las creencias, de lo propiamente intelectual e inteligible, aunque no fuera más allá de la terca certeza de sus afirmaciones. Lo importante de esa reflexión es que la opinión no persigue el saber sobre algo, sino la afirmación que se hace sobre algo. Probablemente este es su valor propio y la necesidad de construir las razones que la justifican. Porque, en efecto, una afirmación se puede encontrar con la opuesta y además con razones de mayor peso. En realidad, el poder de la opinión es que puede trasladarse al universo de lo público, porque, aunque en su origen es el sujeto el que las expresa y argumenta, será la opinión pública la que puede convertir una afirmación en la forma de actuar de las instituciones y organizaciones. Al final una opinión puede ser la que justifique una forma de hacer.

Pues bien; este es un libro de Opiniones sobre lo que sucede sobre los contenidos y aplicación de la Agenda 2030, de esos 17 objetivos (Objetivos de Desarrollo Sostenible u «odeeses») y 169 metas que han de alcanzarse antes de 2030 y que de materializarse supondrían solucionar algunos de los grandes problemas relacionados con las tres dimensiones del desarrollo sostenible: económicos, sociales y ambientales.

Este breve texto tiene su origen en la colaboración entre la Cátedra Iberdrola de Ética Económica y Empresarial (Universidad P. Comillas) y la publicación digital Diario Responsable. Dicha colaboración se centraba en la publicación periódica de un conjunto de breves artículos sobre los ODS y la Agenda 2030, artículos escritos por muy diferentes personas preocupadas por el tema de los ODS; desde empresarios a investigadores y docentes universitarios. Se pedían precisamente sus opiniones sobre temas, algunos conocidos y otros menos, pero que en cualquier caso expresaran su preocupación y cierta clarificación acerca de sus razones sobre lo que estaban escribiendo e incluso debatiendo en otras áreas de trabajo en la universidad o en su profesión. A raíz del inicio de dicha colaboración, fue tomando forma este texto, con el fin de aportar una síntesis de opiniones fundamentadas al público. En efecto, cuando se trata de ese conocimiento público hay que arrancar desde la observación y la opinión, en este caso de individuos aislados o en colaboración, que están en condiciones de ofrecer algo sobre algún fenómeno o acontecimiento. En el fondo, los contenidos de la Agenda 2030 tienen ya especial presencia en los medios y la vida pública; es decir, en el ámbito de la vida cotidiana. Pero ¿de qué forma?

La finalidad de esta publicación que ofrecemos en el presente libro no es otra que la exposición de opiniones de profesionales e investigadores universitarios sobre una cuestión especialmente importante para la vida pública española. Más importante, si cabe, por la escasa actividad que las propias instituciones públicas y los medios de comunicación desarrollan en la actualidad con una información superficialmente argumentada por la publicidad y la opinión política.

Porque, en efecto, lo más interesante de este proyecto no es aportar complejos tratados sobre la Agenda 2030 sino determinar por dónde circulan opiniones y debates en la realidad social cuando las estructuras institucionales y corporativas pueden vivir ajenas a los problemas reales, que aquellas opiniones pueden denunciar o sufrir de forma directa en su vida diaria. Siendo realistas, la Agenda 2030 ha recibido impulsos demorados y discontinuos por parte de las instituciones públicas españolas, cuando incluso algunas compañías lo llevan intentando hace años. Poner en contraposición opiniones con los grandes objetivos de la Agenda puede suponer un exceso de ambición, pero permite confrontar, al tiempo, un conjunto de opiniones (juicios y críticas), que son las que circulan en el ámbito de la empresa y la universidad y que todos debemos conocer.

Sin duda, la lectura de este texto generará en el lector muchas preguntas que en el momento presente no están respondidas. La realidad es que la Agenda 2030 exige muchas respuestas y pocas veces orienta en los cuestionamientos. Veamos algunas de ellas:

¿Son transparentes los políticos cuando ni siquiera saben explicar los contenidos de la Agenda 2030? ¿Existe una colaboración real entre lo público y lo privado cuando se interpone la ideología política o el pragmatismo del poder? ¿Son decentes las organizaciones cuando sus comportamientos no se ajustan a lo que dicen? ¿Qué es lo que hacen las empresas e instituciones a la hora de aplicar la corresponsabilidad solidaria y las alianzas entre otras empresas e instituciones? ¿Cómo y desde qué referentes deben las organizaciones redefinir sus prioridades? ¿Cuál es el valor de la justicia para conseguir que las instituciones sean sólidas? ¿Cómo abordar las amenazas al empleo y a la igualdad presentes en la robotización de la vida diaria y cómo marcar la responsabilidad de las brechas digitales que están produciendo las propias empresas tecnológicas? ¿Por qué no se traslada en su conjunto a la sociedad el nivel de avance y cumplimiento de los objetivos, más allá de su mera formulación? ¿Por qué la ética y las valoraciones morales parecen estar ausentes en la mayoría de las actividades relacionadas con la Agenda 2030? ¿Por qué no se piensan este conjunto de cuestiones en el desarrollo de la educación?

Estas y muchas otras cuestiones están presentes a lo largo de este libro. En el fondo, la agenda 2030 requiere de una comprensión sistémica que, hoy por hoy, no existe en el ámbito general de las instituciones y organizaciones españolas.

Esta exigencia no solo es posible sino necesaria; aquí radica nuestro principal objetivo. Buscar la finalidad de poner sobre la mesa lo que opinan universitarios y empresarios no es algo baladí, cuando encontramos debates que reaparecen continuamente en la prensa diaria y que algunos medios, no todos, persiguen siempre con afirmaciones exageradas pero escaso o nulo debate. El tema de «lo verde» y «lo sostenible» se ha puesto de moda y se relaciona con todo. Pero la Agenda es un complejo universo de contenidos mucho más amplios y profundos, donde las opiniones se revuelven continuamente. Pero ¿qué hay enfrente? La opinión pública normalmente no va mucho más allá de palabras conocidas como el cambio climático y la igualdad o el respeto a la diferencia o la educación, y todo ello bajo el amparo de la sostenibilidad; pero nada más. Realmente es que no hay mucho más.

Por eso nos interesa mucho dedicar este libro a las Opiniones. Poner sobre la mesa la necesidad de que la universidad y la empresa sean escuchadas en lo que significan estos problemas para la base de los propios ciudadanos. Por otro lado, los poderes públicos apenas van más allá de palabras bonitas porque la realidad política e institucional española detrás apenas tiene nada que ofrecer. Las empresas, al menos algunas que conocemos, con sus dificultades, sí se han tomado estas exigencias con sinceridad y lealtad, pero apenas son escuchadas y el resto de la mayoría del tejido industrial no tiene los imprescindibles recursos

Por eso mismo es importante recordar aquellas ancianas reflexiones de Platón, que siguen tocando la realidad de los conflictos y las dificultades. El conocimiento es un proyecto de una enorme complejidad que requiere de intuición y creatividad, no solo de metodología y técnica. Por eso necesitan las opiniones sencillas y honestas, porque la realidad del Ser con mayúsculas se extiende más allá de la ciencia y requiere, por parte de todos, la humildad necesaria para acercarnos a esa verdad que habla sobre nuestro entorno y lo que debemos hacer.

Juan Benavides Delgado, Javier Camacho Ibáñez

1
ODS, ORGANIZACIONES Y DECENCIA

Con este primer artículo se inicia una serie en la que los participantes del Seminario Interno de la Cátedra Iberdrola de Ética Económica y Empresarial irán abordando temáticas vinculadas tanto con los Objetivos de Desarrollo Sostenible como sobre la Normativa de Información No Financiera. En Diario Responsable, nos sentimos muy honrados de esta colaboración con una institución tan prestigiosa como es la Universidad Pontifica de Comillas.

Recuerdo unas palabras de S. Zamagni sobre la empresa, que he repetido en otros lugares: «la empresa está por sí misma orientada al bien» (2013, p. 176). Durante años, hemos debatido en el seminario la cuestión de los valores y la gestión de los intangibles en las compañías; hablábamos de mediciones, modelos, objetivos, etc. Hablábamos, incluso, de la voluntariedad o la falta de ella en el cumplimiento de los compromisos asumidos. Y más recientemente hemos introducido el tema del propósito y los contenidos de la Agenda 2030, que lo que hacen es complicar lo que de hecho todavía no se había cumplido con claridad y transparencia en eso de la ética. Porque hablar de intangibles es hablar de ética. Pues bien, ¿qué es lo que complican los ODS?

Lo primero que se aprende cuando se estudia ética es lo que esta significa y el para qué del hombre virtuoso. Porque, en efecto, las cuestiones no se reducen a intentar hacer las cosas bien —lo que no es poco—, sino hacerlas con conocimiento y el cumplimiento de los objetivos perseguidos y en consonancia con las posibilidades reales de cada cual. Lo contrario puede convertir el comportamiento en temeridad o imprudencia y, por ende, en poco moral. El problema de los valores es precisamente este: cómo relacionamos en una empresa el valor con la conducta corporativa y sus consecuencias. Porque en esa relación debe existir un equilibrio definido entre los principios, que uno dice defender, y su aplicación, que, de no existir, puede convertir el propio comportamiento en pura ausencia de ética. Este es un tema que llevó a los profesores de moral, ya en la Edad Media, a buscar el término medio de los valores para evitar que estos se convirtieran en contravalores.

Pues bien; las empresas y organizaciones tienen esta misma dificultad de equilibrio. Pero una de las cosas que nos ha enseñado el estudio de los valores y su gestión en las empresas e instituciones es que, aunque una estructura no es, en principio, sujeto de acciones morales, el incumplimiento de sus valores asumidos como organización sí tiene consecuencias morales en las personas. Este es el problema de la credibilidad corporativa —lo que en otros contextos se insiste con la noción de reputación— porque son las personas, con acierto o sin él, las que objetivan socialmente la inmoralidad de una institución. Por ello, contrariamente a lo que indican algunos, la que podemos llamar culpabilidad estructural o corporativa puede ir más allá de la maldad objetivada de un sujeto individual, donde se sitúa el origen de todo. Por eso mismo, cuando observamos una empresa o una institución, la realidad es que, aunque defiendan valores, las personas solo vemos las mentiras, exageraciones e incumplimientos en las consecuencias morales de sus comportamientos. ¿Es esta una cuestión solo del modo de gestionar o comunicar, o el problema obedece a una falta de armonía entre lo tangible y lo intangible, que no pueden gestionarse de la misma manera?

Parece que este problema se ha generado en los últimos años con una creciente desconfianza social, no solo respecto a las empresas, sino al conjunto de las organizaciones e instituciones públicas, que parecen no saber cumplir lo prometido o que utilizan demasiado la retórica y el marketing para seguir engañando o maquillando datos. En efecto, la Agenda 2030 lo que ha hecho es complicar todavía más estas cuestiones.

Desde esta perspectiva, y después de todo lo que conocemos en la gestión de intangibles y el tratamiento de valores como el de la Responsabilidad Social y los principios éticos generales por parte de las grandes empresas, no podemos por menos que levantar nuestros temores ante lo que suponen las metas presentes y definidas en la Agenda 2030; porque, en efecto, y siempre en el nivel corporativo, no hemos aprendido a equilibrar lo tangible con lo intangible, y tampoco, la gestión de los valores, que exige un tratamiento muy diferente, excediendo en mucho el comportamiento individual de un directivo.

Respecto a los ODS, el que se haya hecho tan poco o nada por parte de algunas organizaciones se une al hecho de las exageradas y casi ridículas manifestaciones de otras, que dicen cumplir prácticamente la totalidad de los ODS. Quizá el problema se reduce a algo más sencillo: hay que ser decentes en la previsión y el alcance de lo que suponen los nuevos contenidos; después vendrán los compromisos, los valores y su cumplimiento.

No voy a comentar lo que los ODS suponen en relación con la gestión de los valores en las empresas, sino algo previo y que casi nunca observamos en las organizaciones: ¿Que se entiende por un ODS concreto y cómo se pretende integrarlo en su organización? Para ello se requiere lo que antiguamente se llamaba, aplicado a las personas, «examen de conciencia»; es decir, ¿como entiendo un principio y cuáles son mis condiciones para poder llevarlo adelante en el reflejo de mi comportamiento? Precisamente ese proceso previo es lo que distingue la decencia de otras virtudes morales. Normalmente las empresas no hacen esto; comienzan con la ética y dicen aplicarla de esta o de aquella manera, a través de códigos de conducta, libros de Estilo y un enorme conjunto de informe, que se mezclan con la tangibilidad del modelo de negocio. Al final de todo eso ni siquiera cabe la comunicación, porque son lenguajes diferentes al que utilizan los ciudadanos, que previamente hay que armonizar.

Por eso, la ética utilizada en las grandes compañías, que tienen recursos, es algo puramente instrumental y prácticamente condicionado al modelo de negocio. Esto es un error que probablemente aumenta con los ODS, cuyas exigencias son más claras y precisas. Los ODS exigen mucho más porque requieren, llamémoslo así, de un examen inicial de conciencia corporativa. Es decir, los ODS requieren de las organizaciones una decencia previa a la aplicación de otros valores: concreción de contenidos y objetivos, ámbitos competenciales, limitaciones, naturaleza del sector donde operan y especialmente posibles alianzas, ayudas y colaboraciones, que son imprescindibles y que pueden establecer unas organizaciones con otras en el ámbito de competencia donde la empresa está situada. De lo contrario, la empresa o institución podrá tener magníficas y buenas intenciones, pero sin este paso previo lo que no será nunca es una organización decente. Ser decente no solo se asocia con valores como la honestidad o la modestia, sino también con la dignidad y la compostura, es decir, con el convenir y adecentar (J. Corominas & J.A. Pascual, II), que está muy cerca de la previsión y el conocimiento corporativo de la empresa.

Precisamente este camino previo, según el cual la empresa debe conocerse a sí misma, es lo que requieren los ODS; sin este examen previo, que debe estar presente en el propósito de la compañía, poco o nada se puede hacer. Sin este paso anterior, y con independencia de sus códigos éticos, el alcance y altura en la gestión de sus intangibles, la empresa no actuará con decencia frente a los ODS, porque no sabrá armonizar lo que significa el negocio y los intangibles que gestiona y dice asumir. Sin este equilibrio, cuya falta ya hemos observado y sufrido con esto de la Responsabilidad Social y la ética (prácticamente reducida a una ética narcisista e instrumental), el futuro no puede ser optimista en el cumplimiento y alcance de la Agenda 2030. Más todavía; probablemente estos nuevos requerimientos de los ODS permitirán a las pequeñas y micro-empresas muchas más posibilidades reales de tener presencia en este nuevo ámbito de actuación.

Juan Benavides Delgado

Catedrático emérito de comunicación de la
Universidad Complutense de Madrid.
Miembro de la Cátedra Iberdrola de Ética Económica
y Empresarial en la Universidad Pontificia Comillas

2.
LOS RETOS DE LOS ODS NO SE LIMITAN A INTEGRAR NUEVOS CONTENIDOS EN LA EMPRESA

Los ODS postulan integrar en una organización ya construida un conjunto de contenidos que le van a exigir cambios y orientaciones. Para ello debe empezar a gestionar conocimiento. En el anterior artículo defendíamos la separación entre la decencia y otras virtudes, y era precisamente porque, ya desde la conocida clasificación medieval tomista de los valores —todavía en la actualidad presente en muchos de los debates—, la decencia se asociaba a la vergüenza y la honestidad (M. Vidal, 1991, p.632), en definitiva, a una parte de la templanza y la capacidad de prevenir y conocer las propias limitaciones. Ser decente significa no empezar la casa por el tejado sino por sus cimientos; eso supone gestión del conocimiento y poner en armonía lo intangible con los activos tangibles de una organización.

Ante a los ODS, y antes de adoptar compromisos y objetivos concretos en la gestión y asunción de valores, la organización debe saber que por delante tiene un camino con tres importantes escalones: el conocimiento y las exigencias de lo que supone asumir un ODS determinado, la gestión que exigen sus valores y compromisos, y los modos de comunicar sus resultados. Creemos que debe quedar clara la diferencia entre estos niveles y sus efectos a la hora de comprender lo que significa el valor comprometido en la gestión.

El primer nivel es preparatorio y afecta directamente al conocimiento; es decir, no es una cuestión de números o del alcance del modelo de negocio, sino de planteamientos acerca del para qué y dónde, y con qué finalidades se construye un proyecto para la sociedad y el desarrollo de las personas. En esta primera exigencia, la empresa debe conocer bien lo que suponen los contenidos que se le plantean como retos, y sobre los cuales debe reflexionar en relación a su idoneidad, oportunidad, factibilidad y consecuencias de integrarlos en el seno de su organización. En primer lugar, deberá conocer lo que significan y el alcance de esos nuevos contenidos que debe integrar en el conjunto de la organización y entender al tiempo las necesidades de la sociedad en la que está, la dimensión y naturaleza de su organización y los alcances y límites que padece. Esta exigencia determina el tipo de contenido más afín, y la organización puede aportar riqueza e innovación a la sociedad, así como aquellas alianzas con otras organizaciones que pueden ser útiles en la consecución de los objetivos propuestos en cada ejercicio.

El segundo nivel afecta transversalmente a la empresa, a sus estrategias, objetivos y recursos. Verticalmente afecta a áreas funcionales, unidades de negocio o regiones, así como al sistema de procedimientos, procesos e indicadores. Va a afectar además a la gestión de los activos y recursos, no solo financieros. De ahí que cobre gran importancia la gestión de equipos y personas, y la formación y comunicación internas.

El tercer nivel afecta principalmente a temas de gestión y comunicación de intangibles. Ya es conocido por las compañías que los intangibles son un conjunto de activos que deben gestionar, y lo deben hacer de una muy forma diferente a como gestionan sus objetivos financieros y de negocio, aunque en consonancia con ellos. Para ello, necesitan plantear los formatos y modelos de comunicación más apropiados que ayuden al mejor conocimiento de la empresa. La naturaleza de esta comunicación también tiene que afectar al lugar que la empresa debe tener en el contexto de los medios de comunicación.

Este proceso lo llevan trabajando las grandes compañías —algunas con éxitos indudables y propuestas a tener muy en cuenta— casi desde el momento en se introdujo en el ámbito de su gestión la marca corporativa y los intangibles relacionados con ella. Nos referimos, por ejemplo, a la categoría de la Responsabilidad Social que tuvo su entrada en las preocupaciones de las organizaciones hace ya más de veinte años. Sin embargo, el tema de los ODS es más amplio y complejo y, además, siguen presentes algunas otras cuestiones no resueltas con la gestión de intangibles. Por ejemplo, siguen pendientes algunos temas importantes como la forma en que la empresa ha gestionado internamente la transversalidad de estos nuevos activos, o cómo construye la comunicación y su relación con las marcas de la compañía. Estos problemas siguen encima de la mesa (J. Benavides Delgado & J. Fernández Mateo, 2020) y no solo en las grandes organizaciones, sino en las pequeñas —y más todavía en las microempresas—, donde apenas ha tenido cabida esto de los intangibles.

Por eso mismo, si la gestión de intangibles sigue todavía en proceso de investigación, ¿qué hacer con los ODS, que aumentan las exigencias y amplitud de aquellos? ¿Cómo gestionar y comunicar los ODS cuando parece que las empresas y las organizaciones e instituciones todavía no han asumido que los intangibles exigen cambiar el modelo de empresa en vistas a su perfeccionamiento?

Javier Camacho Ibáñez

Socio-Director de Sostenibilidad Ética.
Docente e Investigador en la Universidad Pontificia Comillas

3

LOS ODS, UN GRAN PROYECTO ÉTICO DE CORRESPONSABILIDAD SOLIDARIA

La actualidad más reciente (no me atrevo a decir post-Covid) ha puesto en evidencia, más aún si cabe, los problemas más apremiantes de nuestro mundo global, esos que aparecen representados en diecisiete cubos de colores que tratan de ser la fotografía del problema, y al mismo tiempo de la solución. Si tuviéramos que sintetizar los ODS, creo que estaríamos de acuerdo en afirmar que se trata, por encima de todo, de trabajar unidos para «no dejar a nadie atrás», de lograr que la dignidad de todos los seres humanos sea igualmente valiosa y respetada en todo el mundo, sin excepción. Este es el verdadero objetivo y en el que se integran todos los demás.

Puede resultar extraño que, aun contando con leyes, declaraciones y pactos internacionales, sigamos teniendo noticia de la vulneración de los Derechos Humanos cada día y en todo el mundo. Tal vez lo que sucede es que hemos invertido el orden y hemos partido de las «declaraciones», es decir, de la definición de la dignidad humana reduciendo así el concepto a algo estático. Y es que no se trata de conceder derechos, sino de reconocerlos como algo previo, como exige el aprecio al valor de la dignidad humana. Adela Cortina señala que el problema reside en el aprecio a esos valores éticos que representan los Derechos Humanos, valores que tienen que ser estimados e incluso «degustados»; no basta con conocerlos o saberlos de memoria: «Si somos incapaces de estimar la dignidad, entonces de los Derechos Humanos no quedan sino las convenciones históricas en las que se conviene en conceder derechos a los seres humanos, no en reconocérselos». (Cortina, 2009, 135) Este reconocimiento es crucial y tal vez sea lo que mejor puede explicar el hecho de que verbalmente todos apreciemos valores éticos como la igualdad, la libertad, la solidaridad y la integridad, pero sin embargo vivamos muchas veces de espaldas a ellos en la existencia cotidiana.

Hablar de una sociedad justa supone partir de una concepción clara de lo que entendemos por justicia. Los ODS parecen definir con sus enunciados, y sobre todo con sus metas lo que es una sociedad justa, una sociedad en la que no existan desigualdades (ODS 10), en la que la pobreza y el hambre desaparezcan (ODS 1 y 2), en la que todas las personas puedan vivir de una manera digna, teniendo acceso a la educación y a la salud (ODS 3 y 4). Una sociedad con condiciones de justicia exige contar con Instituciones justas (ODS 16), que velen por la paz y la protección de los Derechos Humanos, aunque también es fundamental, que las instituciones públicas y privadas se rijan y se gobiernen con criterios de justicia, ética y transparencia.

Emmanuel Levinas define la justicia como «el derecho a la palabra», enlazando precisamente con el concepto de dignidad humana. Levinas propone una ética del encuentro con el otro, un encuentro cara a cara que nos reconoce como seres interdependientes. Este descubrimiento del otro a través del diálogo es el fundamento de la ética discursiva o de la responsabilidad solidaria, que reconoce a los demás como interlocutores «válidos»; esto quiere decir que reconoce sus derechos y su dignidad como personas. Tal vez la clave para hacer realidad los Objetivos de Desarrollo Sostenible y construir una sociedad responsable, una sociedad con un profundo sentido de la justicia, sea una ética cívica basada en la corresponsabilidad solidaria, un proyecto ético que se hace cargo de la realidad y no elude la responsabilidad moral con los otros.

Me gustaría terminar con este cuento hasídico, que bien podría explicar las relaciones humanas en la «sociedad post-ODS». Ojalá nuestra agenda común no se quede en la expresión de una utopía, aunque la utopía, como bien dice Galeano, siempre nos sirve para caminar:

Un viejo rabino preguntó una vez a sus alumnos:

-¿Cómo se sabe la hora en que la noche ha terminado y el día ha comenzado?

-Será -dijo uno de ellos- cuando uno pueda distinguir a lo lejos un perro de una oveja.

-No -le contestó el rabino.

-Será entonces -dijo otro- cuando alguien pueda distinguir, a lo lejos, un almendro de un duraznero.

-Tampoco -contestó el rabino.

-Pues, entonces -preguntaron ellos-, ¿cómo lo sabremos?

-Lo sabremos -dijo el rabino- cuando al mirar el rostro humano reconozcas a tu hermano o a tu hermana. Mientras tanto seguiremos estando en la noche.

(Losada 2005, 58)

Ana López de San Román Alves

Directora de Sostenibilidad en Ilunion Hotels

4

LO MATERIAL ENTRE TODOS

Cuando el mundo cambia y las necesidades son distintas, cuando emergen situaciones que podían preexistir, pero de las que no éramos conscientes o en las que apenas nos fijábamos, no podemos seguir como hasta entonces y debemos redefinir nuestras prioridades.

Las condiciones de vida de los inmigrantes, hacinados y sin la mínima garantía de salubridad e higiene, nos escandalizan de pronto, porque hay un monstruo del que sí nos hemos enterado que se llama coronavirus y que nos amenaza también a nosotros, y que se vuelve más fuerte con los brotes que facilitan estas inaceptables condiciones de vida. Por ejemplo. Ya estaban allí antes, pero ahora las vemos. Las desigualdades, las injusticias, ya existían. Ahora no solo se han hecho más patentes, sino que se han hecho más hondas y han aparecido algunas nuevas. Y ahora las vemos.

Contra este modelo de mundo insostenible, creamos una herramienta poderosa que se extendió en poco tiempo y cobró una fuerza que asombró a muchos: los ODS. Un instrumento común, un lenguaje y una guía que, poco a poco, todos empezamos a entender. Servía para hacer un mundo mejor, más habitable, más justo. Se establecieron hojas de ruta, se emprendieron actuaciones, se buscaron y encontraron sinergias, debilidades, estrategias. El camino parecía bueno. Y, justo cuando sentimos que empezábamos a coger algún impulso, nos cambian la realidad y parece que hay que volver a empezar.

Pero no debemos confundirnos: la ruta marcada era buena. Los problemas, reales. De pronto se han magnificado muchos de ellos. Han aparecido algunos nuevos, pero en su mayoría son derivaciones o crecimiento desmedido de los que ya había. Seguimos teniendo que solucionar los mismos problemas, pero ahora la escala es otra y, en ocasiones, los medios deberán ser otros. Debemos pararnos –sin detenernos– a pensar y mirar alrededor. Es preciso volver a evaluar –sin dejar de actuar– para redefinir los asuntos materiales. El nuevo estudio de materialidad va a cambiar precedencias, prioridades, perspectivas. Pero ni por un momento pensemos que podemos dejar de hacer lo que hacíamos. Solo hagámoslo de otra manera, si es preciso. Abordemos los nuevos asuntos que estamos descubriendo capitales. Pero no nos detengamos.

Esta crisis no puede suponer un parón. El replanteamiento no es una vuelta a la casilla de salida. No podemos perder todo cuanto hemos avanzado.

El ODS 3, de salud y bienestar, va a adquirir un peso capital y está cambiando nuestra forma de vida. El 1, final de la pobreza, se aleja de nosotros a medida que avanzamos con los días. Problemas que se vuelven gigantes ante nuestra mirada, como los relacionados con los ODS 2, de hambre en el mundo, 8, y trabajo decente, crecimiento económico, 5, igualdad de género…

Todo es más complicado. Pero, justo por eso, no quiero dejar de llamar la atención sobre los que, a mi juicio, en este momento pueden resultar piezas clave para el enfoque general de este nuevo análisis de la materialidad y esta nueva estrategia a emprender. Estoy hablando del ODS 16, paz, justicia, instituciones sólidas, lo que podríamos llamar buen gobierno, y el 17, de alianzas para la consecución de los objetivos. Estamos hablando de hacerlo juntos. Estamos hablando de buscar espacios de relaciones colaborativas, de no dejar a nadie atrás, de compasión e inteligencia. Hablamos de comportarnos como una única humanidad con humanidad. Implicar al otro y a los otros, sellar pactos, trabajar juntos, establecer alianzas y sumar fuerzas. Rellenar huecos y buscar complementariedades. Es el momento de trabajar con y para los demás. Alianzas que persigan la justicia y la eficacia. Alianzas con los fuertes, que aporten capacidad y recursos, y con los débiles, con los beneficiados de las relaciones (que a la postre somos todos), a quienes hay que tener presentes, a veces no solo de lejos, sino desde dentro del proyecto.

Tenemos que mirar alrededor. Hemos de ver lo que ha pasado. Aún no todo es desolación, pero podría llegar a serlo. La tormenta ha descubierto lo que había bajo el polvo y ha sacado brillo a mucha desgracia antes apenas visible. Hemos adquirido una nueva mirada. Unos nuevos ojos. Empleémoslos.

Nos toca reflexionar mientras caminamos. Empujar hacia más sitios. Mirar a quienes caminan con nosotros, a quienes nos preceden y a quienes se han sentado, rendidos, en los bordes del camino. Tender manos. Y colaborar.

No quiero dejar de mencionar, por si sirviera, una norma que da pistas y puede servir para enfocar y sistematizar las alianzas y extraer el máximo del hecho de establecerlas y desarrollarlas. Se trata de la Norma ISO 44001: *Sistemas de Gestión de las relaciones de trabajo colaborativas.* Establecer los requisitos, las necesidades de cada parte, roles, responsabilidades, estructura organizativa. Definir objetivos comunes y propios, establecer actuaciones, extraer enseñanzas de la propia relación. Incluso una vía para señalar las oportunidades de colaboración, identificando y priorizando las relaciones de trabajo. No es una norma altruista. Es una norma práctica; proporciona pautas para hacer las cosas bien.

Pero entre los ODS y el estándar es preciso interponer la responsabilidad corporativa, la humanidad de la que hablábamos antes. Y bien podría no emplearse sistema de gestión alguno, aunque sabemos que las empresas, las organizaciones, funcionan normalmente mejor con uno. Pero, en definitiva, es solo una herramienta que facilita lograr los objetivos. Lo que no puede hacerse –y ya no hablamos de altruismo, sino de supervivencia– es no hacer.

Antonio Burgueño Muñoz

Director de Calidad y Responsabilidad Social Corporativa en
FCC Construcción

5

LA CONTRIBUCIÓN DE LOS ABOGADOS AL ODS 16: «PAZ, JUSTICIA E INSTITUCIONES SÓLIDAS»

La Agenda 2030 y sus diecisiete objetivos de desarrollo sostenible (ODS) constituyen el plan de Naciones Unidas para luchar contra los principales desafíos del mundo y abarcan desde la eliminación de la pobreza hasta la lucha contra el cambio climático, además de la educación, la igualdad, el trabajo de calidad, el diseño de nuestras ciudades, el agua limpia o la protección del medioambiente. Y, como elemento aglutinador de todos estos desafíos, está el valor de la justicia. Todos los objetivos de la Agenda 2030 están relacionados entre sí y requieren soluciones integradas para abordarlos con eficacia, pero es indiscutible que la agenda no podrá tener éxito si no partimos de sociedades con un sistema de administración de la justicia imparcial, eficaz y sin discriminaciones que, junto con unas sólidas instituciones basadas en el Estado de derecho, garanticen el acceso de todos, incluidos los más vulnerables, a la justicia.

Tomando prestada la definición de justicia que recoge el Informe S/2004/616 del secretario general de Naciones Unidas al Consejo de Seguridad, de 3 de agosto de 2004, debemos entender la justicia como un ideal de responsabilidad y equidad en la protección y reclamación de los derechos y en la prevención y el castigo de las infracciones, que tenga en cuenta los derechos e intereses de las partes y el bienestar de la sociedad en su conjunto. La justicia es un concepto arraigado en todas las culturas y tradiciones nacionales y, a pesar de que su administración normalmente implica la existencia de mecanismos judiciales de carácter oficial, los métodos tradicionales de solución de controversias son igualmente válidos.

La justicia es, por tanto, un valor primordial, pero también una meta que conseguir. Así, en línea con esta definición y dentro de la Agenda 2030, el ODS 16 es el objetivo que incluye en su título la referencia a la justicia: «Paz, justicia e instituciones sólidas». El contenido de este objetivo es el de «promover sociedades pacíficas e inclusivas para el desarrollo sostenible, facilitar el acceso a la justicia para todos y construir a todos los niveles instituciones eficaces e inclusivas que rindan cuentas». Dentro de las metas de este objetivo, una de ellas –la 16.3– se refiere expresamente a la justicia y exhorta a «promover el Estado de Derecho en los planos nacional e internacional y a garantizar la igualdad de acceso a la justicia para todos».

Esta meta 16.3 del ODS 16 se refiere en particular a un principio básico del Estado de Derecho que es el de garantizar la igualdad de acceso a la justicia. Se trata de una meta dirigida claramente a los profesionales del Derecho, ya que en la tarea de su consecución pueden involucrarse todas las profesiones jurídicas: abogados, fiscales, jueces y magistrados, procuradores, secretarios judiciales, etc., cada uno dentro de sus respectivas competencias en el ámbito de la administración de justicia. Y, entre todas ellas, son los abogados los que están llamados a desempeñar un papel protagonista en esta tarea, ya que tienen a su alcance múltiples vías para contribuir a esta meta.

Así, la contribución a la meta 16.3 del ODS 16 de los abogados puede hacerse desde el ejercicio mismo de la profesión, como partícipes que son de la función pública de administración de justicia. Los abogados son una pieza esencial de esta función pública y del engranaje de la justicia. Sin ellos no es concebible la justicia como sistema de protección y reclamación de derechos. Los abogados defienden los derechos y libertades de todas las personas, asesoran y concilian los intereses que les son confiados y, en definitiva, contribuyen, desde el respeto a la justicia, a generar confianza y seguridad jurídica. La abogacía es una profesión que, ejercida desde el más estricto cumplimiento de las normas deontológicas que rigen su actividad, contribuye a reforzar el Estado de Derecho, la defensa de los Derechos Humanos y el compromiso con la sociedad y la justicia. La contribución de los abogados a la meta 16.3 del ODS 16 se puede enfocar también desde la asistencia jurídica gratuita, un servicio público que garantiza el acceso a la justicia en condiciones de igualdad a quienes carecen de recursos económicos para litigar y que exige por parte de los abogados la prestación de un servicio justo, transparente, eficaz y responsable. Además, los abogados pueden contribuir a la meta 16.3 del ODS 16 a través del trabajo pro-bono, que es aquel asesoramiento jurídico altruista, gratuito y voluntario que pueden prestar en favor de entidades sin ánimo de lucro. Y hay muchas otras formas de contribuir al ODS 16 al alcance de los abogados, como son el análisis y la investigación jurídica, la innovación, la promoción de los cambios legales necesarios para mejorar el ordenamiento jurídico, la participación en colegios o asociaciones profesionales involucradas en aspectos relacionados con la administración de justicia, la actividad docente, la tutela de jóvenes abogados, etc.

Estamos a punto de iniciar lo que Naciones Unidas ha llamado «la década de la acción» para lograr alcanzar el propósito y los objetivos que se marcó la Agenda 2030 en el año 2015. Es el momento de que todos aceleremos nuestras aportaciones con ideas innovadoras y ambiciosas y forjemos alianzas. Entre todos debemos impulsar los ODS, y los abogados tenemos a nuestro alcance múltiples opciones para contribuir a la meta 16.3 del ODS 16. La justicia que reclama el ODS 16 es un valor primordial imprescindible y una meta necesaria para lograr el resto de los ODS y, por ello los abogados debemos poner todo nuestro empeño para —de forma individual o en alianza con otras profesiones jurídicas o instituciones públicas— lograr un sistema de administración de justicia imparcial, eficaz y sin discriminaciones, en el que esté garantizado el acceso de todos, incluidos los más vulnerables.

Ana Suárez Capel

Directora de Sostenibilidad de Uría Menéndez.
Abogada y Secretaria del Patronato de la Fundación Profesor Uría

6

¿CÓMO FACILITAR LAS METAS DE LA AGENDA 2030? HACIA UN CONSUMO ÉTICO Y RESPONSABLE

La naturaleza holística de los Objetivos de Desarrollo Sostenible (Pradhan et al., 2017) nos lleva a una comprensión sistémica de la Agenda 2030. Los ODS no pueden ser comprendidos de manera independiente, sino estudiados de forma relacional, a través de retroalimentaciones, interdependencias y sinergias. El carácter sistémico de la agenda se corresponde con la visión ecológica del planeta, un «medio ambiente como un sistema constituido por factores físicos y socioculturales interrelacionados entre sí, que condicionan la vida de los seres humanos a la vez que son modificados y condicionados por estos» (Novo, 1998).

Esta comprensión no nos impide analizar las unidades que componen dicho sistema, sino que nos recuerda la necesidad de (re)conectar las partes analizadas en una totalidad superior, el propio sistema. Solo de esta forma es posible mantener la integridad de la totalidad, una unidad ecológica que incluye tanto realidades naturales como de tipo urbano, social y cultural.

Dentro de todo el conjunto de problemas que limitan la consecución de los objetivos de la Agenda 2030, vamos a poner el foco en los impactos que provoca el consumo de productos de origen animal. El ODS 12, producción y consumo responsables, deja claro que «si bien los impactos ambientales más graves en los alimentos se producen en la fase de producción (agricultura y procesamiento de alimentos), los hogares influyen en estos impactos a través de sus hábitos y elecciones dietéticas». A continuación señalaremos el carácter sistémico de los impactos del consumo de productos de origen animal.

La ganadería es una de las fuerzas más negativas que afectan a la conservación de los ecosistemas y la biodiversidad. La apertura de pastos para ganado y la producción de soja para forraje acentúan la degradación de los ecosistemas. De hecho, la producción de ganado aumenta en los países tropicales, donde reside la mayor parte de la diversidad biológica (Machovina et al., 2015). El Amazonas es el bosque tropical más grande del planeta y es un ejemplo claro de la pérdida de biodiversidad provocada por la producción ganadera (Walker et al., 2009). En consecuencia, el consumo de alimentos de origen animal tiene consecuencias para la consecución de las metas del ODS 15, que busca «gestionar sosteniblemente los bosques, luchar contra la desertificación, detener e invertir la degradación de las tierras y detener la pérdida de biodiversidad».

El aumento del consumo de productos de origen animal ejerce también una mayor presión sobre los recursos de agua dulce del mundo, frente a otras formas de alimentación de origen vegetal. Casi un tercio de la huella hídrica total de la agricultura está relacionada con la producción de productos animales. Además, la huella hídrica de cualquier producto animal es mayor que la huella hídrica de otros productos de origen vegetal, con un valor nutritivo equivalente (Mekonnen & Hoekstra, 2012). En consecuencia, el consumo de alimentos de origen animal limitaría alguna las metas del ODS 6, que busca «aumentar considerablemente el uso eficiente de los recursos hídricos en todos los sectores y asegurar la sostenibilidad de la extracción y el abastecimiento de agua dulce para hacer frente a la escasez de agua y reducir considerablemente el número de personas que sufren falta de agua».

Para la Organización de las Naciones Unidas para la Agricultura y la Alimentación (FAO), la salud va más allá de la salud humana: la salud animal, vegetal y ambiental también forma parte del enfoque *one health*. Respecto a la salud animal, los animales sanos contribuyen a la salud de las personas, lo que hace necesario prestar atención a la mejora de la higiene en las granjas. La mejora del bienestar de los animales aumenta la productividad y la seguridad alimentaria. Los buenos resultados en materia de salud y bienestar de los animales implican un buen alojamiento de los animales, una buena nutrición, una buena salud y un comportamiento natural (Blokhuis et al., 2003). Pero conviene recordar que el consumo de alimentos de origen animal está fuertemente asociado con enfermedades del corazón y puede prevenirse con dietas de origen vegetal (Campbell et al., 1998).

A pesar de la progresiva concienciación por el bienestar animal, puede que este no sea suficiente. Las consecuencias sistémicas de la ingesta masiva y a gran escala de productos de origen animal nos obligan a modificar los hábitos de consumo, optando por dietas basadas en alimentos vegetales con un menor impacto en la biodiversidad y los recursos hídricos. La ganadería intensiva, la agricultura para la producción de forraje y la extracción de recursos y materias primas destruyen hábitats que actuaban como barrera entre humanos y animales silvestres. Al poner en contacto a los humanos con especies animales no habituales aumenta la posibilidad del desarrollo de enfermedades zoonóticas. El Covid-19 sería solo el comienzo. Además, los animales de granja no solo son fuentes originales; pueden ser fuentes de transmisión o anfitriones puente, llevando la infección de la vida silvestre a los humanos (Levitt, 2020).

Por último, no parece reconocerse de forma explícita dentro de la Agenda 2030 la consideración moral de los animales no humanos. Sin embargo, es abundante la bibliografía que, en los últimos sesenta años, justifica —desde el utilitarismo, el deontologismo o el eudemonismo— su reconocimiento como seres sensibles merecedores de consideración moral, libertades y derechos directos contra el abuso, la violencia o la crueldad (Francione, 2010; Harrison, 1964; Nussbaum, 2009; Regan, 2004; Singer, 1990). El carácter justificado de la consideración moral de los animales no humanos nos llevaría a un nuevo modelo integral de la relación entre seres humanos y animales (Donaldson & Kymlicka, 2011) que reduciría «casi de forma automática» todo un conjunto de impactos sistémicos, facilitando la consecución de algunas de las metas que plantea la Agenda 2030. Queda por argumentar si se esto se consigue a partir de presupuestos éticos consecuencialistas o desde una ética de la justicia.

Joaquín Fernández Mateo

Profesor del área de Filosofía de la Facultad de Ciencias Jurídicas y Sociales de la Universidad Rey Juan Carlos

7

COLABORACIÓN COMO BASE PARA LA RECUPERACIÓN POST COVID-19 Y EL CUMPLIMIENTO DE LA AGENDA 2030

Con todos los sucesos ocurridos este 2020, lograr un bienestar social, económico y medioambiental a nivel global se ha convertido, ahora más que nunca, en la meta a la que todo ciudadano y organización aspira. Como herramienta para facilitar este camino resurgen como prioridad en la agenda global los Objetivos de Desarrollo Sostenible.

El cumplimiento de la Agenda 2030 es un reto enorme para el que deberemos rendir cuentas en apenas diez años. Queda poco tiempo y mucho por hacer. Por eso, desde *Corporate Excellence - Centre for Reputation Leadership* creemos necesario repasar el método de actuación para obtener el éxito en esta tarea común donde las empresas juegan un rol de gran relevancia.

En este proceso de reflexión me parece importante recordar que lo último no siempre es lo menos importante. De hecho, el ODS 17 —Revitalizar la Alianza Mundial para el Desarrollo Sostenible— es considerado como el objetivo que cohesiona y marca un camino sobre el que avanzar en el cumplimiento de la Agenda 2030 en su conjunto. El compromiso y la colaboración de entidades tanto públicas como privadas es esencial para aunar fuerzas y lograr, entre todos, estas ambiciosas metas. Y esto es precisamente lo que convierte a las alianzas en la línea base y meta fundamental para conseguir el éxito en el resto de los objetivos.

No cabe duda de que todo reto global solo se alcanzará con alianzas y creación conjunta. Adelantándonos a esta misma idea, *Corporate Excellence* nació basado y construido sobre alianzas desinteresadas entre empresas, directivos, consultoras, escuelas de negocio y universidades, creando un ecosistema de conocimiento que *a posteriori* Kaplan, Nolan y Norton describieron como *The Creative Consulting Company*. Pero el mejor ejemplo del poder de las alianzas lo hemos tenido frente a nosotros los últimos meses: conseguir una respuesta alineada y transversal en medio del Covid-19 ha sido la clave para lograr navegar esta crisis; sobre todo, en los ámbitos más afectados como el sanitario y el económico. Pues bien, esa misma respuesta conjunta y alineada es la que necesitamos para acercarnos a la Agenda 2030 y poder aspirar a un bienestar global. Aunar esfuerzos, coordinar iniciativas y trabajar en conjunto nos permitirá alcanzar el éxito en estas metas comunes.

Las consecuencias de la actual pandemia y su consiguiente crisis pueden provocar dificultades económicas a nivel global y, junto con ello, el crecimiento de desigualdades. El Covid-19 amenaza con hacernos retroceder en aquellos avances que se han hecho de cara a 2030 como el medioambiente o las desigualdades sociales. Por eso es más relevante que nunca poner el foco en la creación de valor compartido y en no dejar a nadie atrás en este proceso de recuperación.

Uno de los actores más relevantes en esta transformación son sin duda las empresas, especialmente aquellas con gran impacto nacional e internacional que generan un efecto tractor a su alrededor. Como fundación empresarial, desde *Corporate Excellence - Centre for Reputation Leadership*, queremos aprovechar esta oportunidad para promover y reivindicar un cambio en la interacción de las empresas a nivel mundial. Ninguna organización conseguirá por sí sola el logro de los ODS, ni le corresponde ese papel, pero podemos convertirnos en esa palanca que una a diferentes actores y allane el camino hacia la consecución de la Agenda 2030.

Todo el nuevo contexto nos demanda unidad, colaboración y un diálogo fluido con el que podamos ayudarnos y enseñarnos unos a otros. Esta es la filosofía con la que surgió el *think tank* al que yo represento. Como os adelantaba, en *Corporate Excellence* llevamos casi diez años cohesionando un complejo ecosistema de alianzas que impulsa la buena gestión de los intangibles como vía para la excelencia empresarial. Reunimos a las principales empresas del Ibex 35 para trabajar en conjunto apoyados en el conocimiento de grandes consultoras, universidades y escuelas de negocio. Gracias a esto hemos logrado que compañías de sectores tan relevantes como la banca, el *retail* o las «telecos» olviden las competencias de negocio para potenciar el aprendizaje colaborativo: aquí los conocimientos, dudas y mejores prácticas en torno a la reputación, marca, propósito, comunicación, sostenibilidad, ética y transparencia se comparten.

Esta mirada de colaboración desinteresada, que a veces parece utópica, en realidad no solo es posible, sino necesaria. Compartir conocimiento de forma altruista ha fortalecido a las grandes empresas españolas y a los profesionales que las componen, dándoles herramientas para avanzar hacia una nueva economía. Y como con toda crisis llega una oportunidad, ahora tenemos la posibilidad de aprovechar ese *know-how* para contribuir a la transformación de la concepción del negocio post-Covid y trabajar desde un propósito que genere valor para todos los *stakeholders*, maximizando el impacto positivo en nuestras comunidades.

La coherencia es esencial para generar vínculos de confianza sólidos y duraderos en este camino hacia la excelencia y la contribución al bienestar global. ¿Es coherente con nuestro propósito el que las empresas trabajen sin dialogo con la sociedad? ¿Y con la competencia? ¿Y con la administración pública? Trabajar de manera mancomunada, además de ser la vía para la consecución del ODS 17 y de todos las metas de la Agenda 2030, es dar un sentido de coherencia a aquello que declaramos ser. Y es que lo importante es el ser, no solo el decir.

En este difícil 2020, el mayor aprendizaje es que *todo* lo que se haga hoy, será recordado en el futuro por los distintos públicos; y lo que no se haga también. Los actos impactarán, por exceso o por defecto, en nuestra reputación y en la relación o concepción que nuestros *stakeholders* adquieran de nosotros. Nuestros grupos de interés esperan que las empresas también sean parte de la solución en este entorno de múltiples crisis: la climática, la sanitaria, la económica, la social –incluyendo las desigualdades, la inclusión y el acceso a la educación o a la tecnología–, e incluso la política. Es el momento de reflexionar y encontrar nuestro papel en esta búsqueda de la solución, y siempre actuando en coherencia con los valores y la actividad de la empresa.

Si el rol y las metas que nos fijemos en este camino son similares o compartidas con otras entidades, será una oportunidad para darnos cuenta de que en el camino al 2030 no es una carrera en solitario, sino que avanzamos en una barca con remos donde está en manos de cada uno empujar hacia esa dirección común. La fuerza y la motivación de cada cual contribuyen al colectivo para llegar a puerto. Esa conexión pasa por encontrar aliados que tengan las mismas metas, y trabajar juntos.

Por último, y antes de avanzar en este camino, olvidemos la RSE como un elemento añadido al negocio preexistente y repensemos nuestra actividad desde la raíz para conseguir dar respuestas reales a las necesidades y problemas del entorno. Este cambio en la manera de pensar y operar es un paso de lo táctico a lo estratégico: los objetivos de las distintas empresas deben ser facilitadores o conectores en un engranaje cada vez más complejo y multidisciplinar hacia el bienestar colectivo que forman los Objetivos de Desarrollo Sostenible.

En *Corporate Excellence* creemos por experiencia propia que las grandes cosas se pueden lograr colaborando y cocreando. Como bien indica nuestro nombre, queremos que esta nueva forma de hacer empresa que ayudamos a forjar desde nuestra fundación sea una práctica común para lograr la excelencia corporativa, pasando por la construcción de alianzas y alcanzando así el cumplimiento de toda la Agenda 2030.

Angel Alloza

CEO de Corporate Excellence

8

ELOGIO DEL ODS 17: «LA COLABORACIÓN PÚBLICO-PRIVADA COMO FUENTE DE SINERGIAS PARA LA RESOLUCIÓN DE LOS PROBLEMAS SOCIALES, ECONÓMICOS Y MEDIOAMBIENTALES»

La pregunta ética es y será siempre la misma que Kant ya nos había formulado haya casi dos siglos y medio. Era la segunda en la nómina de aquellas tres que, según su criterio, constituirían la agenda propia de la tarea intelectual que la filosofía habría de llevar a cabo.

Aunque parezca que no cabe formularla con mayor laconismo, ni con exactitud más afinada, pues ciertamente el *Was soll Ich tun? –*¿Qué debo hacer?– no es fácil mejorarlo; aunque siempre es pensable alguna variación sobre el tema que tal vez pueda darnos intuiciones novedosas o pistas innovadoras de cara a la acción.

Se podría, por ejemplo, experimentar con una suerte de modulación en el tono de la pregunta. Así, con una inflexión mínima, se estaría abriendo el campo teórico; y dando con ello, tal vez, cauce a nuevos proyectos o, en todo caso, voz a subrayados un tanto distintos a los habituales.

Eso es lo que ocurre cuando, en vez de redactar la pregunta en singular, lo hacemos en plural; o si a un verbo –como el verbo deber– de tan honda raigambre moral y jurídica, lo sustituimos por otro algo menos taxativo y rotundo, como, por ejemplo, el verbo poder, entendido en el más neutro sentido de posibilidad con la que intentar nuevos abordajes y experimentos en forma de proyectos.

La venerable formulación de la segunda pregunta kantiana podría entonces conocer una redacción complementaria, quizás, en términos parecidos a los siguientes: ¿Qué debemos hacer? O, incluso, ¿qué podemos hacer?

Como se observa, la tarea, así planteada, de un lado, se entiende compartida y compartible; y esto ya marca una diferencia en el diseño del abordaje. De otra parte queda implícito el hecho de que la manera de acometer aquella labor requerirá la exploración de caminos para los que no hay un itinerario único, ni fijado *a priori* de manera rígida. Al contrario: seguro que somos capaces entre todos de encontrar vías inéditas y propuestas insólitas que, con esfuerzo y algo de suerte, podrían acabar redundando en una mejora del entorno, de las circunstancias y de los contextos en los que emerge, se despliega y se desarrolla la vida humana.

En todo caso, lo cierto es que la agenda parece clara. Agenda es el nominativo neutro plural del participio *-gendus-a-um* del verbo *ago-is-ere-agi-actum*, que en inglés se vertería por «las cosas que deben ser hechas»; o, de manera más inmediata, por «lo que hay que hacer».

¿Y qué es lo que hay que hacer?

Son muchos los estudios, muy variados los informes y están razonablemente bien pensados los documentos y las propuestas —de muy variado tono y alcance: desde los que emanan de reputados *think-tanks*, a los que derivan de equipos de investigación universitarios, pasando por los que traen causa en organismos multilaterales, en ONG o en cualquier otra institución de la sociedad civil— que nos vienen advirtiendo desde hace tiempo acerca de cuáles debieran ser las tareas que habríamos de acometer como humanidad.

Naturalmente, siempre y cuando decidamos que merece la pena apostar por el bien Común para así seguir disfrutando en el futuro de un planeta habitable; siempre que convengamos en que es necesario diseñar y poner en funcionamiento unas condiciones sociales objetivas que posibiliten y favorezcan el desarrollo de toda la persona y de todas las personas; y con tal de que estemos orientados hacia la consecución de un desarrollo económico que cree riqueza y la distribuya de manera equitativa entre todos los pueblos.

Podemos discutir si la agenda debemos extenderla a cinco, diez, veinte o más años. Cabe optar por rotularla bajo el rubro de «Agenda 2030» o más bien el de «Agenda 2050».... o cualquier otro, porque lo cierto es que, mientras haya vida, no solo habrá esperanza, sino, sobre todo, cosas que hacer. También es posible discrepar de si la lista de *To do* debe limitarse a ocho, como los Objetivos del Milenio, a 17, como los ODS, o si, por contra, debiéramos proponer 34 o siete y medio... En todo caso, lo que sí procedería sería el plantearse una cuestión intrigante acerca de si son todos los que están o de si están todos los que son. Y, en definitiva, de si cabe hacer entre ellos distinciones de nivel o taxonomías que diferencien entre unos, más básicos, y otros más adjetivos, accidentales o secundarios... Por supuesto es también lícito –e incluso deseable– plantear la cuestión respecto a si tales o cuales objetivos se cubren suficientemente bien con las metas que se les asignan, o si son adecuados los indicadores que se escogen para hacer recuento del avance y medir los progresos.

Y por lo que respecta a las consignas, a las propuestas de actuación, parece claro que se podría mejorar la redacción de algunas de ellas,- con muy poco esfuerzo: lo de la cursilada de «el cuidado de la casa común» es difícil de superar, *¿verdá usté?*, que diría el castizo. Pero bueno, ¡que pase!. Total, ¡qué más da! Una vez se ha adoptado la idea de lo que se quiere indicar, no hay más opción sensata que suscribirla con entusiasmo.

En el culmen de la mirada crítica, cabría incluso la enmienda a la totalidad que supondría el cuestionamiento de la propia agenda en su conjunto: ya porque pudiera resultar excesivamente tímida en sus aspiraciones; tal vez porque, a otros ojos, constituyera una suerte de más de lo mismo, una especie de *déjà vu* destinado apalancar y mantener el *statu quo* insatisfactorio, injusto e insostenible... eso sí, al tiempo que se instrumenta una retórica políticamente correctísima y se construye un relato fácil de narrar y de venta asegurada.

En todo caso, los ámbitos de problemas que nos topamos son obvios, esto es, evidentes. De un lado, los sanitarios, conexos con la pandemia del Covid-19 y sus secuelas; de otra parte, los económicos: recesión, desempleo, deuda, impuestos. Y, en paralelo, están los problemas políticos. En todos los contextos y países parece generalizarse una más que preocupante exaltación de los ánimos, una polarización creciente que a veces estalla en tensiones y violencia inaceptable. El populismo y los extremismos de muy varado tenor —incluido el que representa el terrorismo— encuentran en estas realidades terrenos abonado para echar raíz y desplegarse, con el grave peligro que ello supone para la libertad individual; para la democracia como modo de organizar la convivencia; y para el Estado de Derecho como garante de la igualdad y del imperio de la ley.

Si a lo anterior le sumamos lo relacionado con el medioambiente, habríamos abocetado con trazo grueso el dibujo de la tarea moral que nos debiera ocupar en los próximos tiempos. Naturalmente, siempre que, al mentar el problema ecológico, lo hiciéramos con mesura, huyendo de la querella acerca de si son galgos o podencos los perros que nos están viniendo a la zaga y que en este contexto se suele sustanciar en un debate que en sí mismo es síntoma de la polarización y tensión a que hacía referencia en el párrafo anterior. Unos, que si «agujero en la capa de ozono» —felizmente, al parecer, ya suturado—, otros, que si «calentamiento global» —las malas lenguas se apresuraron a señalar, al parecer no sin razón, que, sí, que calentamiento lo había… en algunas partes; pero que en otras se estaba produciendo exactamente el fenómeno contrario…—. Por eso, tienen buen tino unos terceros, más listos, o seguramente mejor orientados, que apuestan por afirmar la existencia de algo más descriptivo y neutral, a la par que indiscutible: la realidad del cambio climático…   O, como dejó dicho para la historia el ínclito Moratinos, aquel ministro de cuando mandaba «Zetapé»: «El cambio del clima climático».

De todo eso y de mucho más se podría discutir, como digo. En lo que no debiéramos perder el tiempo, sin embargo, es la conveniencia de ponernos manos a la obra para mejorar las condiciones en que pueda desarrollarse la existencia. Tanto en lo físico y en lo biológico, cuanto en lo social y lo político, en lo cultural, y en definitiva en lo humano… Porque un mundo más justo requiere la voluntad moral, firme y perseverante por consolidar valores tales como el respeto a la dignidad de las personas; la búsqueda de una igualad real de oportunidades para todos —hombres, mujeres, niños, ancianos— y en todas las latitudes y culturas; la apuesta por la solidaridad; el acceso a una educación que permita desarrollar los propios talentos y contribuir con ellos al bien común… Todo ello, en el marco de instituciones bien articuladas y al servicio de la gente, con especial empeño en mejorar la situación de quienes más lo necesiten y menos recursos y capacidades más limitadas tengan.

La envergadura de los problemas a los que aludimos es formidable; la mar de fondo resulta ser mucho más seria de lo que el rizado de las olas pudiera hacer pensar… Esto no se va a solucionar ni de hoy para mañana, ni con vara mágica de tipo alguno, que de hombres-milagro ya estamos bien servidos. Por supuesto, también está fuera de lugar —salvo como rezo— apelar a que venga Dios y lo vea, a ver si le subcontratamos la labor…

En todo caso, ya que no vamos a poder contar con el *Fiat -¡Hágase!* – del Padre Eterno, no nos queda otra que agruparnos, ponernos a colaborar, *cum-laborare*: esto es, a trabajar juntos… ¿Quiénes?: ¡Todos juntos y en unión!, como cantaban los Requetés en el Oriamendi… Porque no se trata ya solamente de que para acometer la resolución de los graves problemas que nos rodean debamos arrimar el hombro todos —ciudadanos particulares, administraciones públicas, instituciones de la sociedad civil, empresa…—, sino que, además, debemos entrenarnos en hacerlo de manera innovadora y colaborativa. Para ello no nos queda otra que ensayar variaciones sobre el tema y buscar compañeros de viaje poco habituales.

La necesaria colaboración público-privada, en este cuarto de luna resulta mucho más prometedora que la consigna —más individualista y un, si es no es, picada de prepotencia— que recetaba aquello otro de «que cada palo aguante su vela». Porque en los tiempos que corren ya no nos sirve con acopiar más de lo mismo en cantidad… Lo que se necesita es otra cosa, algo nuevo, un salto cualitativo que dé lugar a formas más adecuadas de enfrentarse a los problemas. O sea, odres nuevos para el vino nuevo del Evangelio…

Para ello, la estrategia mejor que a nuestro alcance se ofrece va en la línea de la búsqueda de sinergias —*sin ergon*, del griego: una vez más, colaborar— y esas solo afloran si se juntan, si nos juntamos todos —¡ay, el agrupémonos todos de cuando-entonces!– en alianzas estratégicas y nos decidimos a trabajar unidos gentes e instituciones de diversos niveles, sectores y rangos.

El ODS número 17, por ello, está muy bien traído. Aunque no goce del relumbrón y la prestancia con que algunos otros de sus compañeros están adornados, no cabe duda de que con el último de los objetivos –pero no por ello menos importante– se está trazando la vía más adecuada para el avance hacia la construcción de un mundo mejor, una sociedad más justa, una economía responsable y un entorno ecológico sostenible.

José Luis Fernández Fernández

Cátedra Iberdrola de Ética Económica y Empresarial
Facultad de Ciencias Económicas y Empresariales ICADE
Universidad Pontificia Comillas

9

LAS INSTITUCIONES Y LOS ODS

En dos artículos anteriores comenté la obligación que, frente a los ODS, tenían las empresas: ser decentes, y especialmente revisar sus propios principios éticos para poder actuar de una forma coherente y acorde con sus posibilidades y realidad del sector donde operan. De no hacerlo así debo añadir ahora que la Agenda 2030 podría convertirse en un instrumento ideológico del globalismo financiero y convertir unos buenos propósitos corporativos en una cuestión de estrategia política, donde la sociedad solo puede esperar padecimiento y conflicto en favor de unos pocos.

He tenido ocasión de escuchar de algunos directivos de grandes empresas que los ODS tienen contenidos que les afectan pero que hay otros que pertenecen más al ámbito de las instituciones, o si se prefiere de las administraciones[1], donde el relato tiene más cabida. Tienen razón en esta afirmación; por eso mismo, he querido centrar este nuevo artículo en las instituciones y los ODS, con el fin de determinar si estas están sujetas y de qué forma a las exigencias planteadas por la Agenda 2030.

Sin embargo, la primera pregunta que me hago siempre es la misma: ¿por qué las instituciones parecen vivir ajenas —o al menos lo parece, más allá de cuatro formalismos y un pin en la solapa— al desarrollo de los ODS? ¿Por qué resulta normal pensar que esto de la Agenda 2030 es una cuestión exclusiva de las empresas cuando la verdad es que afecta directamente al comportamiento de cualquier tipo de organización? El comentario con el que inicio este artículo puede servir de pri-

---

1 En los diccionarios al uso, las instituciones se definen como entidades sin ánimo de lucro, aunque el término suele ser utilizado por la Administración Pública (*Diccionario LID de Responsabilidad y Sostenibilidad*, Lid Ed., Madrid 2011).

mera explicación: si, como ya he subrayado, la Agenda 2030 no debe ser una herramienta política al servicio de la empresa, menos todavía lo debe ser en el caso de las instituciones. Porque, en efecto, muchas veces parece que las administraciones gestionan lo público como si fueran dueñas de los bienes de todos, y eso no es verdad, o al menos es absolutamente injusto que suceda.

Siempre he defendido las palabras de S. Zamagni cuando distingue con precisión lo público, lo privado y lo común[2]. Parece claro que hay bienes que gestiona la Administración y que son de su objetiva competencia, pero hay otros, cada vez más, donde la gestión de lo público y lo privado coincide en sus intereses y objetivos sociales, y hay otros, en fin, que la gestión de los bienes es de la exclusiva competencia de lo privado. Sin duda, en la mayoría de las empresas que están en condiciones de gestionar bienes públicos su interés es casi únicamente económico. Sin embargo, la Agenda 2030 no plantea rivalidades o exclusividades respecto a la naturaleza o a la gestión de un bien determinado sino un nuevo enfoque de lo que significa y su alcance en el uso de un bien de cara al futuro. Es un planteamiento nuevo, que pocos ciudadanos y organizaciones se plantean.

Dentro de toda esta complejidad, el tema de la gestión parece claro, y la propia Agenda 2030 lo indica por la naturaleza transversal de sus propios objetivos. Sin embargo, si retornamos la distinción de Zamagni, los bienes que son comunes para todos los seres humanos exigen una definida responsabilidad en cuanto a su uso por parte de su titular; esta realidad, en efecto, la he comprobado en el propio fundamento de la Responsabilidad Corporativa, que en un principio se estimaba voluntaria y que en la actualidad supone un compromiso que hay que asumir y obliga a la organización. Por eso mismo, en mi opinión, aquellos bienes comunes –como pueden ser aquellos que afectan a la salud, al medioambiente, a la defensa de la dignidad del hombre, etc.– exigen en su utilización y efectos una responsabilidad común que va más allá y

---

2 Ver Stefano Zamagni, *¿La economía al servicio de los pueblos o de los mercados?* en «Foro Ecuménico y social» (Webinar Julio 2020). Reflexiones similares las encontramos más desarrolladas en su trabajo *Por una economía del bien común* (Ciudad Nueva, Madrid 2013, pp. 175-203)

que obliga a sus propios titulares, sean estos privados o públicos. El papel de las organizaciones y de cualquier ciudadano, cuando a estos les toca, debe sujetarse exclusivamente a una gestión, eficaz, transparente y con una ética de principios bien definidos, nada más. Eso de decir, como algunos expresan con prepotencia, «con lo mío hago lo que me da la gana», no deja de ser una afirmación vacía de sentido y de una total irresponsabilidad. A mi juicio, la ley moral está en el nosotros, no en el yo, y la Agenda 2030 es una buena expresión de lo que digo si se revisa con cuidado ese enorme conjunto de objetivos y contenidos que se refieren directamente a esos bienes que, al final, pertenecen por derecho y disfrute a todos los seres humanos. Voy a intentar poner un ejemplo.

Cuando hace años hablaba de la tierra con mi padre, este me comentaba que la persona era propietaria de su tierra, pero hacia abajo solo unos metros, y podía gestionar ese bien, pero con esos límites. Era una manera más sencilla de decir lo mismo que acabo de comentar[3]. Las exigencias de la Agenda 2030 han puesto sobre el papel los derechos de todos, y con ello han subrayado unos límites inexcusables, por los que el propietario de unas tierras tiene pleno derecho a gestionar el uso de su propiedad de acuerdo a sus intereses y criterios, pero siempre con los límites para una gestión que no atienda a las propias consecuencias y efectos de dicho uso, es decir, si su gestión o falta de ella afecta al derecho general en la preservación del medioambiente (residuos, química utilizada, suelo, afectación del paisaje natural etc.), que es un derecho que debe cuidarse para todos los ciudadanos y que el propietario debe atender. Estos comentarios se acercan nuevamente a las reflexiones de Zamagni y a mi modo de ver determinan los retos de la Agenda 2030, y en definitiva cualquier gestión de intangibles que se haya de acometer.

Sigo con el ejemplo. Llevo ya varias semanas leyendo numerosos artículos sobre las plantas fotovoltaicas que la Comunidad de Castilla La Mancha pretende poner en el norte de la provincia de Toledo, lindando con la Comunidad de Madrid. He cambiado impresiones con propieta-

---

3 Aconsejo a los responsables públicos y titulares privados la revisión de las diferentes leyes sobre el suelo y subsuelo, y el uso y las responsabilidades de sus titulares que a lo largo de los últimos años se han ido publicando en España.

rios de tierras y también me han informado de las supuestas intenciones de las empresas que se dice que están detrás, porque la verdad es que a este respecto la opacidad es enorme. Había ofertas de compra y de alquiler para el uso por un período grande de años de la tierra, pero más allá de esto, la información era equivoca e incluso contradictoria. Simplemente la cuestión era aceptar o rechazar la oferta. Aquí tenemos el ejemplo del modo en que un proyecto como el de las fotovoltaicas comienza, y ello sin saber cómo acaba y, lo más grave, las consecuencias reales que puede producir en el medioambiente, en la flora y fauna, en el paisaje, en los cultivos colindantes, e incluso en los recursos acuíferos de la zona.

Me informé con detalle de lo que son las plantas fotovoltaicas, el daño que producen en la desertización del suelo y en las capas freáticas que producen las posibles radiaciones, etc., y ello sin contar con los efectos directos e indirectos en las plantas (vivaces, leñosas, anuales…) y los animales del entorno. Cuando pregunté por la preservación del medioambiente a algunas autoridades locales o comprobé la opinión de las autoridades autonómicas solo obtuve generalidades, oscuridad y buenas palabras, y muchas afirmaciones más publicitarias que otra cosa sobre el medioambiente y la preservación de la naturaleza[4].

Se desconocen las empresas reales que van a gestionar el proyecto, se mantiene una opacidad que engaña y los políticos miran a otra parte en el mejor de los casos, y en el peor hablan como una consejera del Gobierno autonómico recientemente en un medio de comunicación de compromiso moral con las futuras generaciones (¿?). Lo más grave es que puede haber pueblos que pueden ver reducido el suelo cultivable en un 30 %, y algunos en algo más de un 60 %, lo que puede suponer la desaparición real de lo que han sido dichos pueblos, su riqueza paisajística, su ganadería, las empresas que explotan sus productos como el vino y el aceite, y, en fin, el conjunto de sus propios valores ecológicos, que disfrutan todos sus ciudadanos.

---

4 Ver www./diario.es/1_69f9b5 de 20 de enero de 2020 en https://www.eldiario.es/castilla-la-mancha/apuesta-progreso-quitar-encinas-u-olivares-reaccion-alcalde-mentrida-toledo-criticas-vecinales-proyectos-fotovoltaicos_1_6945205.html

¡Muchas energías renovables y mucha innovación, cuando la realidad es que solo pude ver opacidad, irresponsabilidad y una destrucción real del entorno a todos los niveles! Se me amontonan las preguntas: ¿de qué estamos hablando si lo único que he podido observar de los responsables públicos es una absoluta falta de transparencia en la información, contradicciones cuando no mentiras manifiestas? ¿Por qué parece que el proyecto va por delante incluso de la propia legislación europea y nacional o la falta de normas reguladoras específicas, precisamente lo más imprescindible en un proyecto de esta naturaleza?

Estoy muy de acuerdo con lo que he leído en la prensa diaria, porque estas cosas se deben hacer con una adecuada planificación estratégica, es decir, con cabeza y no a lo bruto[5]. Lo que hacen algunas empresas es mezclar la gestión económica con otros temas que no tienen nada que ver; ya le he oído a algún empresario: «como soy un buen gestor financiero, lo soy también para la preservación del medioambiente». Pero con los políticos el tema es más grave, porque lo que parece que hacen es instrumentalizar el medioambiente, o cualquier otra cosa con tal de conseguir su estrategia política y de votos, cuya única legitimación residiría en su fundamentación ideológica, pero no en la Agenda 2030. Y lo que desconocen unos y otros es que muchas veces se pretende gestionar un bien que afecta directamente a los derechos de todos los ciudadanos. Es imprescindible una información veraz y una gestión transparente y bien pensada en el medio y largo plazo; de lo contrario no hay Agenda 2030, y menos todavía preservación—en el caso que comento— del medioambiente.

Llevo años trabajando con varios equipos en esto de la ética corporativa y muy cansado de observar que la tiranía de la innovación y el desarrollo digital y energético sigue siendo mala en su comunicación y muy opaca en sus afirmaciones sobre el medioambiente, porque los contenidos se reducen a la inmediatez y al corto plazo de un *claim* publicitario. Esta lógica, tristemente muy extendida entre los dirigentes corporativos e institucionales, expresa el hecho de que todas las de-

---

5 Es lo que indican con razón una treintena de investigadores en un reciente artículo. Ver, por ejemplo, https://elpais.com/clima-y-medio-ambiente/2021-01-23/mas-renovables-pero-con-cabeza.html

cisiones evitan explicar sus principios éticos, o simplemente la falta de ellos, que son los que expresan sus verdaderos comportamientos.

Comentado el ejemplo, únicamente me cabe añadir que si un dirigente político nos habla de la Agenda 2030 sin más, o de la preservación del medioambiente o, lo que es más claro todavía, de su responsabilidad moral en bien del ciudadano —como he comentado hace unos párrafos— solo cabe pensar dos cosas: o que no sabe de lo que está hablando o que, engañado, expresa el puro cinismo y la mentira de muchos de los gestores políticos y corporativos.

Es una inmoralidad —porque supone un engaño a los ciudadanos— justificar la estrategia ideológica de un partido político o de otro con lo que significan los compromisos de la Agenda 2030. Con el medioambiente, como con la totalidad de lo que significan los compromisos de la mencionada agenda, no caben las motivaciones ideológicas para dar legitimidad o apropiarse de ellas. Repito que lo único que cabe es la información transparente, clara y sin matices, los asesoramientos adecuados y una aplicación cuidadosa porque se trata de gestionar bienes de los que ningún político o presidente de una corporación es dueño si no sabe ser responsable. Desde esta perspectiva, las instituciones deben ponerse las pilas si quieren aplicar y desarrollar lo que significan los derechos de todos. Estas confusiones tan presentes en las instituciones hacen un enorme daño a la buena voluntad de hacer bien las cosas, evitan un camino definido para la sostenibilidad de un sistema y convierten a la propia Agenda 2030 en un nuevo trampantojo para que nada cambie a mejor.

Juan Benavides Delgado

Catedrático emérito de comunicación de la
Universidad Complutense de Madrid.
Miembro de la Cátedra Iberdrola de Ética Económica
y Empresarial en la Universidad Pontificia Comillas.

10

LAS TECNOLÓGICAS, AGENTES ACTIVOS DE INCLUSIÓN DIGITAL: ¡ES HORA DE PASAR A LA ACCIÓN!

Accede a la sucursal una persona mayor y me pide ayuda para lidiar con el inevitable trámite digital a que obliga la máquina que domina la entrada antes de poder ser atendido por alguno de los escasos empleados que quedan en oficina. Me recuerda otra situación vivida este verano, cuando una conocidísima (y maravillosa) playa se parceló, habilitándose una aplicación para reservas. El resultado: cientos de reservas diarias no aprovechadas ni canceladas, y cientos de personas mayores cargadas con sus enseres haciendo horas de cola, sin poder acceder a una playa que se abría semivacía ante sus incrédulos ojos.

Son solo dos ejemplos, anecdóticos, si se quiere ver así, de dificultades generadas por una tecnología que en principio está a nuestro servicio; pero lo cierto es que la digitalización, acelerada por la pandemia, impregna a gran velocidad todos los actos diarios, en una invasión pacífica, y en su mayoría positiva, que sin embargo deja un rastro de miles, cientos de miles de personas, con dificultades o incluso incapacidad para adaptarse, entender o aprovechar la tecnología, abriendo para ellas una brecha, en ocasiones insalvable, en sus posibilidades de acceso a bienes o servicios.

Y esto es una realidad, no solo para algunas personas mayores y en momentos puntuales. La llamada brecha digital, o desigualdad digital, puede adoptar muy diferentes formas (de acceso, de uso, de aprovechamiento), y tener origen en muy diferentes causas (la edad, pero también el género, el territorio en el que se viva, el nivel económico y cultural, una discapacidad…) que, eso sí, comparten un rasgo común, como es la necesidad de combatirlas, reducirlas, eliminarlas, en una sociedad que tiende a una digitalización masiva y extendida a cualquier acto cotidiano.

Esa necesidad de luchar contra las brechas digitales se vuelve especialmente sangrante cuando es la propia Administración quien, para acceder a servicios públicos, muchos de ellos básicos, perentorios (ayudas sociales para personas en riesgo de exclusión, servicios sanitarios, educación…) impone (digo bien, impone) su tramitación digital, que deja de ser una opción para constituirse en la única opción, generando bolsas de marginalidad añadida. Paradójicamente, las estadísticas europeas (DICE) indican que España está a la cabeza de Europa en digitalización de la Administración, pero a la cola en cuanto a habilidades y competencias digitales de la población (incluidos los propios trabajadores de esa Administración digitalizada). Pésima combinación. Es evidente que la Administración debe corregir esta situación, y planes, a todos los niveles (Europeo, Estatal, de Comunidades Autónomas, de entidades locales), no faltan, si bien su efectividad está por ver.

Pero es una evidencia que también las empresas tecnológicas, aquellas que crean y ponen la tecnología en el mercado, tienen una responsabilidad en la generación de esas brechas digitales. Al respecto, la ciudadanía puede entender que la brecha digital es el inevitable precio que pagar por el progreso, y asumir la exclusión digital como una fuente más de exclusión social, sin que quepa exigir nada a las empresas tecnológicas. O bien nos puede parecer suficiente con que esas empresas tecnológicas desarrollen una puntual acción social destinada a paliar un problema concreto, en un lugar concreto (entrega de *tablets* a unos pocos niños en algún colegio para seguimiento de clases *online*, por ejemplo), habitualmente con una repercusión mediática positiva para la empresa. Pero también, como sociedad, podemos (y en mi opinión debemos) exigir que las empresas tecnológicas se involucren de manera radical en la lucha contra la brecha digital, de manera que pasen de generadoras de brecha digital con sus productos a agentes activos en la erradicación de la desigualdad digital.

O, dicho de otro modo, ¿por qué aceptar con resignación que la tecnología genera dificultades que resultarán inevitablemente insalvables para un porcentaje cada vez mayor de la población? La tecnología puede y debe ser inclusiva, y puede y debe generar mayores dosis de equidad y bienestar social. Es en este sentido en el que, como sociedad, debemos exigir a las empresas tecnológicas que aprovechen la increíble oportunidad que tienen delante para convertirse en agentes de un cambio social positivo con sus productos y servicios.

La principal responsabilidad que la tecnología puede asumir ante la sociedad es conseguir que las empresas que la generan sean conscientes, analicen, tengan en cuenta, y sobre todo eviten las posibles brechas digitales que pudieran llegar a provocar sus productos, y que lo hagan en el momento mismo de su diseño, antes de lanzarlo al mercado, de manera que el resultado sea un producto que, además de permitirles obtener beneficios, haya sido concebido y producido como inclusivo. Y también en el momento de la incorporación del producto al mercado, colaborando en las tareas formativas que su implementación requiera (lo cual les hará ganar cuota de mercado, todo sea dicho). Esta manera socialmente responsable de actuar, aplicable a cualquier producto o servicio, resultará especialmente relevante en el caso de productos y servicios que se constituyen ellos mismos en esenciales, o en tecnología ineludible para acceder a otros productos y servicios esenciales.

De esta manera, las tecnológicas evolucionarán de ser generadoras de brecha digital, observadoras pasivas de la misma o activistas esporádicas en su erradicación, a agentes activos de integración digital. Es el gran reto de la responsabilidad social de la tecnología: diseñar productos tecnológicos integradores, y su gran aportación a los Objetivos de Desarrollo Sostenible. Y no me cabe duda de que las tecnológicas van a aceptar este reto y van a pasar a la acción. Ya tenemos algunos ejemplos de ello, como la colaboración que recientemente se ha iniciado entre tres entidades de la *Comunitat* Valenciana, como son la Dirección General de Lucha contra la Brecha Digital de la Consellería de Innovación, Universidades, Ciencia y Sociedad Digital, el Hub tecnológico Distrito Digital y la Cátedra de Responsabilidad Social GVA-UA, para analizar de qué manera las empresas que integran el sector privado tecnológico pueden convertirse en agentes activos de lucha contra la brecha digital a través de sus políticas de Responsabilidad Social, ofreciendo herramientas e instrumentos para ello. Ese es, desde luego, un buen ejemplo de colaboración público-privada en la lucha contra la brecha digital y un destino al que debería aspirar la tecnología en su inmensa capacidad para contribuir a la inclusión social, sin duda uno de los más relevantes Objetivos de Desarrollo Sostenible de la Agenda 2030.

Irene Bajo García

Directora de la Cátedra de Responsabilidad Social GVA en la
Universidad de Alicante

11
RSC Y AUTOMATIZACIÓN DIGITAL

La digitalización y el acceso de todos a la comunicación digital no figuran entre los ODS formulados por Naciones Unidas en 2015, quizás porque en aquel momento la tendencia a la automatización digital aún no se percibía de forma tan generalizada, con sus promesas y sus interrogantes. El Objetivo 8 (trabajo decente y crecimiento económico) hace referencia en su presentación actualizada a la probable pérdida de empleos a nivel mundial como consecuencia de el Covid-19, pero no aborda las supuestas amenazas al empleo por la robotización. Sigue sin haber consenso internacional sobre los inciertos efectos de los robots en el empleo —tampoco lo hay entre expertos—, y no parece haber consciencia suficiente, todavía, del acceso a la comunicación digital como objetivo de desarrollo. Cuando menos existe la intención de utilizar el potencial digital; en el entramado institucional de los ODS en la ONU existe, para apoyar la difusión de innovaciones y de experiencias, un *Technology Facilitation Mechanism*[6] destinado a facilitar la implementación de los Objetivos de Desarrollo Sostenible.

Frente a los cantos de sirenas visionarios de la «inteligencia artificial» y del «hombre mejorado» transhumanista, en los debates sobre algoritmos y el uso de *big data* suele plantearse una afirmación, a la vez excusa tranquilizadora y deseo: las máquinas solo sirven si son un complemento eficaz, una ayuda para el análisis y un complemento a la decisión humana. Es evidente que todo algoritmo alberga un razonamiento, una finalidad expresa o implícita, y traduce una serie de condicionantes —preconceptos y preselecciones arbitrarias o intencionadas, pero de autoría humana— que influyen en la clasificación de los datos y en el llamado «aprendizaje» de la máquina.

---

6 https://sustainabledevelopment.un.org/tfm

En un libro reciente[7] que ilustra perfectamente esta premisa, el autor, tomando el relevo de Asimov, propone cuatro nuevas leyes de la robótica. En su visión, los sistemas de robots y la «inteligencia artificial» deberían aplicar estas normas:

1. *Complementar a profesionales, no sustituirlos.*

2. *No pretender realizar un «falso» humano.*

3. *No intensificar «carreras de armamentos» de suma cero.*

4. *Indicar siempre la identidad de su(s) creador(es), controlador(es) y propietario(s).*

Estos principios indican claramente una dirección, pero su aplicación no depende, o depende solo en parte, de los usuarios. Las empresas que deseen automatizar tal o cual proceso industrial o administrativo, o evaluar la conveniencia de hacerlo, no tienen más remedio que acudir a los proveedores de servicios y consultores disponibles, y no siempre estarán en condiciones de comprobar si se cumplen unas normas como las propuestas.

La aplicación de principios de este tipo depende ante todo del marco legal: aspectos regulatorios propios de cada actividad, la legislación de la competencia, la normativa contable y fiscal. Por ejemplo, podría ser decisiva una evolución de la fiscalidad que redujera la imposición del trabajo, al tiempo que quitara algunas de las ventajas de las que disfruta la inversión en capital.

Pero las decisiones acerca de si automatizar o no forman parte cada vez más del ámbito normal de la gestión empresarial. Se toman en función del análisis de coste-beneficio para mantener o incrementar la capacidad competitiva. Con la pandemia, la tendencia a la automatización de funciones se ha visto reforzada desde las tareas administrativas hasta las de manipulación de materiales y equipos, tan importantes en la lo-

---

7 Frank Pasquale, *New Laws of Robotics. Defending Human Expertise in the Age of AI*, Cambridge Mass. 2020

gística del comercio *online*, donde se usan cada vez más los «robots colaborativos» o *cobots*[8].

Estas decisiones de inversión en tecnología no son ajenas al ejercicio de la responsabilidad social corporativa. Al igual que cualquier decisión sobre productos, sobre recursos humanos, sobre capital fijo, o que afecte a *stakeholders* externos, la elección de un sistema automático autónomo para cumplir determinadas funciones conlleva una dimensión ética que no se puede ignorar.

En el fondo, las preguntas que se han de plantear a la hora de decidir no son muy diferentes de las que se pondrían para cualquier otro tipo de inversión. Las cuestiones sobre finalidad y legitimidad de los instrumentos no son específicas de la digitalización, pero se plantean con una urgencia y una complejidad mayor, dada la potencia de los instrumentos, su extrema rapidez de ejecución y la posibilidad que albergan de orientaciones ocultas e incluso engañosas. Esto afecta naturalmente de forma muy especial a todas las aplicaciones de marketing digital, en la medida en que explotan reacciones automáticas o no totalmente conscientes del consumidor.

Principalmente, será necesario examinar tres aspectos:

- *El fin perseguido, su legitimidad y su utilidad para las personas involucradas, ya sea en funciones de producción, ya sea como consumidores objeto de una gestión comercial;*

- *El carácter más o menos necesario o legítimo de las clases de datos que alimentan el algoritmo respecto del fin perseguido y de la dignidad de las personas.*

- *La reconversión de las personas que tengan que utilizar la tecnología o cuyas funciones se vean eliminadas por ella.*

---

8 *Business and technology. Bearing Fruit.* The Economist, *January* 16, 202

Otro aspecto en el que puede ejercerse de forma útil una voluntad actualizada de responsabilidad social corporativa es la promoción universal del acceso a la comunicación digital mediante toda clase de iniciativas educativas, y con el suministro facilitado de equipos y de conexiones. La pandemia Covid-19 ha aumentado de forma espectacular el uso de medios digitales para el teletrabajo, las relaciones del ciudadano con la administración, el aprendizaje escolar y universitario. Para amplios sectores de la población, que carecen de la formación básica y el acceso a las comunicaciones, el uso obligado de los medios digitales supone un riesgo de exclusión agravado, que es urgente corregir con medidas de amplio alcance. Las empresas pueden colaborar en ello de forma decisiva.

Domingo Sugranyes Bickel

Presidente VSF España

12

FUNDAMENTOS NORMATIVOS DE UNA SOCIEDAD BUENA EN LA ERA DE LA SOSTENIBILIDAD

El ODS 8 plantea como metas específicas, el crecimiento y la productividad económica, además de garantizar la creación de puestos de trabajo o favorecer el emprendimiento. Todo ello debe ser realizado de forma eficiente y sostenible. En este escenario definido por el Objetivo 8, ¿qué papel juega la ética económica? Para dar respuesta a esta pregunta se hace necesario estructurar conceptualmente la reflexión mediante las nociones de descripción, prescripción y normatividad.

Sobre la descripción. En el plano del ser podemos describir lo que efectivamente ocurre en una economía. Desde un punto de vista descriptivo, si un Gobierno aumenta los impuestos, por lo general el consumo se reducirá. Se trata de una descripción positiva que lleva a una serie de deducciones en base al general comportamiento económico de las personas.

Sobre la prescripción. Desde un punto de vista prescriptivo, podemos seguir recomendaciones condicionales en base a la estructura si... «entonces...», y lograr ciertas metas. Un ejemplo clarificador procedente de la ciencia política –y elegido de forma intencionada– es El Príncipe de Maquiavelo. Se trata de una serie de recomendaciones para la consecución de un fin determinado. En el seguimiento mecánico de determinadas conductas posibles debe estar ausente cualquier valoración moral. En base a lo que positiva y descriptivamente ocurre, podemos elaborar prescripciones realistas que ayuden a lograr las metas que nos proponemos. Pero, desde el punto de vista antropológico, es posible trascender esta forma de razonar; simplemente somos libres de no seguir determinados cursos de acción. Esto ocurre cuando el pensamiento se eleva a un plano superior, de un plano realista materialista a un plano realista trascendental.

En el plano normativo no nos contentamos con recomendaciones mecánicas para lograr metas. Aspiramos a una sociedad mejor, y decimos simplemente no. El plano normativo nos sitúa en el espacio pluralista de los valores morales y políticos que pueden darse en una sociedad abierta. El plano normativo es un espacio de libertad donde es posible la ética, porque «la libertad es la condición ontológica de la ética; pero la ética es la forma reflexiva que adopta la libertad» (Foucault, 1984). La libertad del sujeto hace posible pensar la ética. La ética nos permite imaginar mundos posibles y ser responsables de hacerlos reales, o no. La responsabilidad social de la empresa es una posibilidad de la ciencia económica. La responsabilidad social existe porque es posible la elaboración y el seguimiento de juicios normativos que trasciendan los juicios prescriptivos. De esta forma es posible determinar la bondad o maldad de una recomendación prescriptiva y elegir cursos de acción alternativos que protejan, por ejemplo, el valor inherente de las personas.

La Agenda 2030 nos habla de «promover el crecimiento económico inclusivo y sostenible, el empleo y el trabajo decente para todos», pero –cabe interpretar– no de cualquier manera, sino siguiendo aquellos razonamientos normativos que desemboquen en la consecución de las metas. Además de las motivaciones basadas en el interés –las de un posible *homo economicus*– existen otras motivaciones que se sitúan en un plano trascendental. Quedan definidos dos planos: el inmanente economicista y el trascendental normativo. El plano trascendental normativo insiste en que determinadas acciones posibles no deberían ser reales, aunque efectivamente así ha sido en el pasado, en el presente y, probablemente, en el futuro. Afortunadamente, acciones posibles se quedan en mundos posibles, no aconteciendo en el mundo real. Desgraciadamente también, acciones posibles acontecen en el mundo real, no quedándose en los mundos posibles.

Llevado al plano de la economía, los filósofos morales, los antropólogos humanistas y los expertos en responsabilidad social nos dicen que no todo puede lograrse en el plano inmanente de los mercados, sino que el ser humano es de tal tipo que puede elevarse de lo visible a lo invisible y simbólico, de lo material a lo inmaterial e intangible, de lo cuantificable a lo cualitativo. Desde ese plano superior, frente a la mera inmanencia de la materia y del mercado puede fundarse una sociedad buena. Los principios morales se imponen entonces desde fuera y por encima, y pueden ordenar la acción de una sociedad económica.

Evidentemente, podemos no seguir las normas trascendentales y obtener buenos resultados –medibles y constatables– pero las acciones sin la sabiduría que aporta el juicio ético suelen tener consecuencias como, por ejemplo, salir en las noticias. Desde un punto de vista normativo, la solución no reside únicamente en la mejora cuantitativa del crecimiento, la productividad y otras variables, sino en la toma de conciencia del vacío transcendental que opera en nuestras sociedades, y en la importancia de las normas intangibles para el buen funcionamiento de ellas. La presencia trascendental hace que las simples sociedades –mecánicas y en constante producción de leyes, ya lo decía Tácito– pasen a ser buenas sociedades, con buenas empresas y buenas personas. En definitiva, sociedades responsables. Este razonamiento lleva a afirmar que, sin el cultivo de un verdadero *ethos* moral, la sostenibilidad es un concepto vacío, sin fundamentos desde el punto de vista antropológico (Benavides Delgado y Fernández Mateo, 2020: 140). Es decir, que debemos seguir las reglas que nos permiten alcanzar mejores sociedades, dando forma con nuestra acción a una sociedad buena. Aunque siempre podemos no hacerlo y vivir temporalmente en el espejismo del ser mientras el deber ser golpea la puerta de la conciencia.

Joaquín Fernández Mateo

Profesor del área de Filosofía de la Facultad de Ciencias Jurídicas y Sociales de la Universidad Rey Juan Carlos

13
EL INICIO DE UNA ALIANZA

Un día luminoso de invierno, sentada en un banco del jardín disfruto del «silencio» en el que se oyen las olas, el viento entre las agujas de los pinos y el canto de los pájaros. Hoy no hay vuelos en el aeropuerto cercano y se pueden escuchar los maravillosos sonidos de la naturaleza. El entorno está calificado como parque natural, pertenece a la Red Natura 2000 y en el mismo se encuentra una vivienda unifamiliar de arquitectura racionalista declarada recientemente «Bien Cultural de Interés Nacional», BCIN. Por indicación de los propietarios, el proyecto para su vivienda debía estar integrado en el entorno y respetar la naturaleza circundante: los pinos, las dunas y las plantas autóctonas en las zonas no ajardinadas, así como el ciclo del agua.

La familia era numerosa y la casa fue siempre un lugar de encuentro. En una ocasión, un profesor de la escuela de Arquitectura de la Universidad Politécnica de Barcelona, que la conocía desde niño, solicitó a los propietarios llevar a cabo una visita técnica con sus alumnos. La obra arquitectónica empezaba a despertar interés, no solo la edificación sino también su interiorismo. Se trataba de una obra integral para la que el arquitecto había diseñado parte del mobiliario, definido el color de las tapicerías, alfombras y algunas de las paredes interiores, las piezas de cerámica que formarían las celosías y un muro exterior, destruido hacía unos años por una actuación vandálica, así como la estructura de la plataforma y zona ajardinada que circundaba la vivienda. Este fue el inicio de una serie de visitas sistemáticas con alumnos de otras escuelas de arquitectura y diseño de distintos lugares de España, y posteriormente de otras escuelas del entorno europeo.

A lo largo de los años se han interesado por esta obra arquitectónica fotógrafos, publicistas, arquitectos, interioristas y personalidades del mundo del arte y de la cultura procedentes de diversos países de todo el mundo. Pero desde aquella primera visita han cambiado muchas cosas. La ampliación del aeropuerto cercano ha causado un impacto relevante en la zona y ha obligado a los propietarios actuales a buscar vías alternativas para la conservación y el mantenimiento de la vivienda y su entorno. La insonorización de la vivienda está todavía pendiente. A fecha de hoy no se ha llegado a un acuerdo con la autoridad aeroportuaria para restituir la vivienda a su situación inicial mediante una solución óptima que no altere la estructura y el interior del edificio. Es difícil hacer entender a los ingenieros aeronáuticos que un BCIN requiere de un proyecto específico que debe ser aprobado por la autoridad cultural correspondiente, con soluciones muchas veces artesanales, y todo ello sometido a concurso público.

La vivienda está situada en una heredad que pertenece a la misma familia desde hace más de cien años y la relación con el municipio y sus autoridades ha sido siempre cercana. La heredad, inicialmente antiguo coto de caza con terrenos dedicados a cultivos hortícolas y una granja modelo, contaba también con una zona de dunas y bosques lindando con el Mediterráneo en la que se encuentra la citada vivienda, además de otras edificaciones Por otra parte, dicha vivienda había recibido un prestigioso premio arquitectónico y estaba entonces catalogada a nivel local. Fue el Área de Cultura del ayuntamiento la que propuso una primera alianza. Se trataba de dar a conocer la gastronomía de la zona y los excelentes productos de su huerta y ganadería local, y al mismo tiempo la casa y su historia con una visita guiada. Esta actividad se dirigía a un público más amplio y permitiría dar a conocer a los habitantes del área metropolitana las bondades de una zona hasta entonces con una imagen prácticamente industrial.

Finalmente quedó diseñada la propuesta. Como ya venía haciéndose desde el inicio y de forma habitual, una persona de la familia guiaría la visita, que tendría una duración aproximada de dos horas, contaría con explicaciones de la historia del paraje y de la casa y de su construcción, y al mismo tiempo incluiría anécdotas de interés para los visitantes relacionadas con las distintas experiencias vividas allí por la familia. En la medida de lo posible participarían los arquitectos a cargo del mantenimiento de la casa y vinculados profesionalmente a la Universidad Politécnica de Cataluña. Se permitiría tomar fotografías y recorrer toda la propiedad al terminar la visita guiada. Se acordó también el número de asistentes por visita y el precio que se recibiría por visitante. Una vez finalizada la visita, los asistentes se reunirían en alguno de los restaurantes del municipio, con los que previamente se habría llegado a un acuerdo, para degustar los productos típicos del lugar.

En la actualidad la propiedad está llevando a cabo gestiones con instituciones de prestigio para generar alianzas que garanticen la sostenibilidad de parque natural y del patrimonio arquitectónico.

Inés Gomis Bertrand

Economista, miembro de EBEN y del Instituto de Consejeros Administradores. Evaluador senior EFQM y Coach Ejecutivo certificado por CDR Assessment Group y Marshall Goldsmith

14

LOS ODS Y LA EXIGENCIA DE LOS PRINCIPIOS

En un artículo anterior comentaba que lo que requerían los ODS a las organizaciones es decencia; y la decencia significa previsión, claridad y una buena definición de contenidos, objetivos y compromisos. Algo parecido a lo que siempre se dice defender en la gestión de cualquier intangible. Sin embargo, esta cuestión —que normalmente tampoco se cumple— solo es el principio de un complejo camino en la gestión de intangibles que abre la Agenda 2030. Cuando una empresa es decente se definen posibilidades y compromisos que ya han supuesto para las grandes multinacionales más de veinte años de ensayos e investigación. En el fondo, este proceso es de una enorme complejidad, pero su dificultad no solo consiste en una cuestión de palabras sino de hechos en origen y resultados, que la Agenda 2030 ha multiplicado en diversas dificultades y metas. Por todo ello hay que empezar a hablar de principios y fundamentos.

Pero sobre esa primera exigencia caben otras. Como muy bien indica J.L. Fernández[9], una gestión responsable y sostenible requiere previamente y como fundamento, una ética. Pues bien; ¿qué significa esta afirmación?

En primer lugar —nos dice este autor—, una buena gestión corporativa genera en la cultura organizativa un grado importante de excelencia y convierte a la organización en modelo de buenas prácticas. Este es el intangible de su reputación, que se extenderá, además, en términos de marca y valor comercial a todo el conjunto de la compañía, atrayendo talento de trabajadores potenciales y una relación positiva con los diferentes grupos de interés. Pero no solo esto; la buena gestión requiere,

---

9 Ver https://diarioresponsable.com/opinion/30163-una-gestion-responsable-y-sostenible-requiere-etica-empresarial.

incluso, voluntad propia de sus gestores y, específicamente, la moral personal del empresario o del directivo. Esto se relaciona –siempre en opinión de J. L. Fernández– con la lógica y la «ética de la virtud». En último término, lo más importante de estas reflexiones es su «reducción a una cuestión de principios»; unos llaman a esto filosofía de empresa y otros se refieren a cuestiones epistemológicas que –sin citar esta palabreja– definen la nueva mentalidad que ha irrumpido desde hace más de dos décadas en el ámbito corporativo e institucional. Hasta aquí la cita.

En el fondo, este proceso es de una enorme complejidad, pero su dificultad no solo consiste en una cuestión de palabras sino de hechos en origen y resultados, que la Agenda 2030 ha multiplicado en diversas dificultades y metas. Por todo ello hay que empezar a hablar de principios y fundamentos. A esa dificultad de origen dedico estas breves reflexiones.

En primer lugar, es cierto que en los últimos años se ha producido un profundo cambio (quizá, todavía, no ruptura) de paradigma, una economía con pretendidos nuevos modelos de empresas; incluso cabe decir que con diversas formas de comprender el bien común. También es evidente que hay formas, o mejor, nuevas adaptaciones del marketing. Sin embargo, los modelos y fundamentos actualmente vigentes propuestos en la gestión de intangibles por las grandes empresas y corporaciones van muy poco más allá de una ética instrumental. Esta ética instrumental es lo que las fundamenta, pero que ya ha dicho todo lo que tenía que decir y propone muy poco más de cara al futuro. En efecto, la Agenda 2030 supone un reto todavía apenas abordado y mucho más exigente. Por eso mismo, la primera consideración es que hay que reducir la pluralidad de conceptos y enfoques. La novedad no consiste en inventar palabras sino en construir hechos. La verdad es que en estos últimos años se han inventado muchas palabras, pero no han cambiado las nociones de fondo porque no se ha hablado de los principios y, en el fondo, de la propia idea de empresa. Quizá el motivo haya sido que las empresas siguen ubicadas en mentalidades todavía instaladas en el pensamiento moderno y el contexto más puro del neoliberalismo. Por ello, la sostenibilidad sigue estando llena de límites, que apenas se definen y menos todavía se afrontan. En un reciente trabajo[10] destacábamos los tres fundamentales: la propia noción de ética, la comunicación utilizada y el ámbito disciplinar donde se mueve la investigación de la empresa.

Estos límites no se han superado, ni siquiera moderado; entre otras cosas porque la transversalidad, incluso la subsidiariedad en la gestión entre los departamentos de las grandes empresas no es capaz de romper los silos de las compañías y la estructura vertical sigue siendo la única protagonista con autoridad en las organizaciones, empresas e instituciones. Es posible que los modelos aplicados por las grandes compañías en la gestión de intangibles estén ya obsoletos; ya no valen de cara al futuro más inmediato que plantea la Agenda 2030. Por eso apenas se han hecho cosas. Incluso, estas circunstancias tan claras que se observan en las grandes compañías se extienden al ámbito de las pequeñas y micro empresas, que apenas pueden levantar la cabeza. En las instituciones públicas todo esto de la ética, el bien común y la transparencia, por poner un ejemplo, brilla por su ausencia. En todas ellas se observa una casi absoluta falta de principios éticos. Y me he referido solamente a las grandes compañías, pero no a las instituciones, que suponen un apartado propio del que ya me ocuparé en otro momento.

En segundo lugar, no debe olvidarse que los conceptos solo expresan, en el mejor de los casos, ideas mezcladas, pero poco más. Los significados deben precisarse, y no siempre se hace y, lo que es más importante, deben fundamentarse. Cuando hace un momento hablaba de principios y de ética de la virtud me estaba refiriendo directamente a esta cuestión. Si hablamos de ética de la virtud no estamos hablando de ética instrumental. Cuando hablamos de ética de la virtud no estamos hablando de objetivos pragmáticos o de negocio, sino que procuramos abrir el camino al propio fundamento de la ética y al por qué de la propia empresa; nos dirigimos directamente al fundamento de nuestras acciones y el resultado moral de las mismas.

---

10 J. Benavides Delgado & J. Fernández Mateo, *Los límites de la sostenibilidad* (Eunsa, Pamplona, especialmente, pp. 227-251).

Cuando pienso en estos temas no puedo por menos que recordar la diferencia que advertía J. Ortega y Gasset entre las ideas y las creencias. Decía Ortega (1967, pp. 9, 20 y ss.)[11] que una cosa eran las ideas con las que normalmente pensamos, y otra muy diferente las creencias en las que normalmente estamos, incluso sin darnos cuenta, y me permito añadir que con las creencias propiamente no hacemos nada; simplemente estamos en ellas, y son las que constituyen la realidad plena para nosotros (ibid.., p. 42). A mi modo de ver, el papel que adquieren las creencias aumenta en la medida en que pueden determinar los propios objetivos en los que cree el gestor de la compañía por encima de las ideas que pueda asumir en un momento dado.

Sin duda, si es verdad lo que acabo de decir sobre la mentalidad moderna, las ideas utilizadas por los gestores empresariales no coinciden con los hechos —por decirlo de alguna manera— en los que empieza a creer la sociedad del siglo XXI; o, simplemente —lo que es más grave—, al no haber principios se observa la necesidad urgente de llenar un gran vacío, que se extiende a empresas y ciudadanos.

Desde esta nueva perspectiva, parece cierto que el modo de comprender las ideas que tiene el empirismo clásico no explica ni fundamenta debidamente la ética de las acciones que cometemos, porque prácticamente la idea queda reducida a un determinado género de acción asociado a objetivos instrumentales prácticos y concretos (B. Russell, p. 134)[12]. Por eso mismo el modelo de organización —en el fondo el modelo anglosajón de empresa— ha reducido la ética al pragmatismo de las acciones y a sus resultados cuantificables. Sin embargo, la distinción orteguiana tiene muchos más matices y sí nos puede ayudar en este debate, porque al separar las ideas de sus posibles fundamentos para basarlas en las creencias abre mucho más el panorama y permite explicar las contradicciones éticas, que normalmente se observan en los habituales comportamientos corporativos y en el análisis y evaluación de sus resultados. Algo parecido ha sucedido también con la propia idea de ciencia, donde muchas personas viven todavía instaladas en aque-

---

11 J. Ortega y Gasset, *Ideas y creencias*, Espasa Calpe, Madrid 1967 (7ª ed.).

12 B. Russell, *Conocimiento humano*, Taurus, Madrid 1968 (4ª ED.).

lla concepción del científico, que J. Verne definió y propagó con tanta exactitud en la sociedad del XIX; una definición que era una burda reducción al conocimiento experimental y poco más: la ciencia es igual a lo medible y directamente experimentable y nada más.

A la hora de hablar de ética no caben ya estas simplificaciones que el formalismo y la propia tecnología han acrecentado en la actualidad. Por el contrario, hay que saber distinguir y relacionar las ideas con sus principios y discernir aquellas creencias ocultas y emocionales que determinan nuestra propia conducta; y hay que hacer este discernimiento, porque muchas veces no coinciden unas con otras y esta falta de coincidencia conduce a la desconfianza social, al descontento y a la falta del verdadero cumplimiento ético en las acciones que se realizan. Casi siempre reside aquí la causa de decir una cosa y hacer otra bien distinta. Es un debate que ya tiene muchos años, pero que debe superarse porque, de lo contrario, el conocimiento irá hacia atrás en lugar de hacia delante y permitirá que la innovación y la riqueza justa se rompa en favor de los que solo gestionan para sí mismos.

En estos últimos años, la gestión de los intangibles ha demostrado la importancia de recuperar los principios y definir nuestras ideas sobre creencias machaconas que a lo mejor son ya del pasado, no nos pertenecen o incluso desconocemos en sus contenidos y fuerza emocional. El modelo de empresa y sus objetivos debe revisarse en profundidad: recuperar principios y nuevos fundamentos, porque, sin ellos, los valores son palabras sin significado alguno. Pero ¿estoy dirigiendo mis preocupaciones hacia el nuevo debate de estos últimos años entre los posmodernos y los que desean volver al pasado realismo filosófico, ser incluso pre-modernos? Con esto de la necesidad de los principios ¿quiero recordar la vieja polémica entre el nominalismo y el realismo medieval, que siempre defendió los principios del humanismo cristiano? No quiero ir tan al fondo del tema porque creo que no debe haber tal polémica en el presente. Además, a mi juicio, lo posmoderno es un camino sin salida, que después de Bauman y otros autores ha quedado definido y etiquetado. Por ello hay que subrayar la necesidad de recuperar fundamentos e ideas que permitan atender lo que significa una gestión ética y humana en las organizaciones. Esta es la gran exigencia que los contenidos de la Agenda 2030 han puesto sobre el papel y que no cabe encuadrar en cuatro o cinco palabras más o menos consensuadas, en cinco o seis objetivos sujetos exclusivamente al control del negocio, o en debates con los que el pensamiento humano lleva insistiendo y acentuando a lo largo de los últimos quinientos años. Las grandes compañías se enfrentan a un reto real sin cuya superación solo podrán entender y comunicar con eficacia los contenidos y la práctica de los ODS. Seguro que este esfuerzo no afectará ni a su negocio ni tampoco a su reputación.

Juan Benavides Delgado

Catedrático emérito de comunicación de la
Universidad Complutense de Madrid.
Miembro de la Cátedra Iberdrola de Ética Económica
y Empresarial en la Universidad Pontificia Comillas.

15

TODOS LOS ODS EMPIEZAN EN LA EDUCACIÓN

El título de este artículo, «todos los ODS empiezan en la educación» es una frase que pronunció César Bona en la apertura del seminario dedicado a la formación y a la Responsabilidad Social en el séptimo Congreso Internacional de Responsabilidad Social celebrado el pasado mes de febrero de 2021. Su afirmación me animó a tratar de analizar el impacto que tiene el ODS 4 en los dieciséis objetivos restantes, pero sobre todo a enfatizar la idea de que la educación siempre se presenta como una de las soluciones más eficaces a muchos de los retos que plantean los ODS.

Esta sería una razón más que suficiente, no solo para reivindicar y hacer realidad todas y cada una de las metas del ODS 4, sino también para revisar y repensar, si es necesario, la educación, su finalidad y sus objetivos. Muchas veces cuando se plantea algún tipo de reforma educativa se suelen proponer cambios en la metodología o en la forma, pero con frecuencia estos planteamientos olvidan la necesidad de «renovar» la educación para volver a su esencia. Utilizo el término renovar y no innovar, ya que la renovación puede resultar el proceso más innovador en muchas ocasiones. Según el diccionario, renovar es: «hacer que algo quede como nuevo, recuperar su estado o condición inicial». Por esta razón es tan importante definir lo que queremos de la educación y porqué es tan fundamental que llegue a todas las personas.

El Informe Delors (1996) presenta los objetivos principales de la educación que serán reafirmados posteriormente en el Informe «Replantear la educación, ¿hacia el bien común?» (2015) de la UNESCO. Estos objetivos son los siguientes: (1) Aprender a conocer, (2) aprender a hacer, (3) aprender a ser y (4) aprender a vivir juntos. Se trata de una visión integradora de la educación centrada en la persona. Los puntos tercero y cuarto podrían considerarse como pilares de una visión humanista de la educación. El informe define aprender a ser como «desarrollar la propia personalidad y ser capaz de actuar cada vez con más autonomía, juicio y responsabilidad personal» y, aprender a vivir juntos como: el desarrollo de «la comprensión del otro y el aprecio de la interdependencia». La educación así entendida es mucho más que el acopio de conocimientos teóricos o la formación en competencias técnicas para el empleo, es «la preparación para una forma de vida valiosa» (Altarejos & Naval, 2011, 27) para el propio desarrollo y para la convivencia con los demás.

La finalidad de la educación tiene que equilibrar la formación en competencias técnicas y en competencias «existenciales», aquellas que tienen que ver con aprender a vivir y a desarrollarse en plenitud como personas. La educación puede formar personas competentes y capaces de cambiar el mundo de manera positiva. Si reducimos la educación a la orientación hacia el éxito profesional, a su enfoque utilitarista, estaremos consolidando la construcción de una sociedad interesada que priorice el capital sobre las personas. No se trata solo de formar grandes talentos que alcancen el éxito a cualquier precio, sino de educar para cambiar el mundo con un sentido ético e inclusivo.

Estamos hablando de educación en sentido amplio; esto quiere decir, no solo en referencia a la educación de los niños y jóvenes sino también, y como afirma Savater (2003), a la educación como algo que nos permea toda la vida, entendiendo a la persona como ser en construcción por su condición inacabada. Por eso queremos también poder hablar de educación al referirnos al ámbito de los profesionales y de la empresa, siendo esta una comunidad de personas. En la empresa se hace algo más que trabajar: se aprenden y adquieren comportamientos y hábitos. La empresa es un lugar en el que cada día los profesionales se relacionan e interactúan, tienen que tomar decisiones y, sin duda, aprenden y practican actitudes y comportamientos.

Si afirmamos que cualquier tipo de cambio social comienza en las personas, y por tanto en la educación, es conveniente identificar entonces a aquellas personas o grupos que producen un efecto «multiplicador» por la oportunidad que tienen de interactuar con grupos o colectivos de personas y su capacidad de influir en ellos. Sin duda en esta categoría tenemos que destacar a los educadores. A todas aquellas personas que desempeñan una función educativa en diferentes ámbitos, niveles y etapas. Freud decía que hay tres funciones imposibles de definición: educar, gobernar y psicoanalizar, porque son más que funciones o profesiones. La enseñanza, finalmente, es una transmisión de estrategias para la vida. Marx, en sus famosas tesis sobre Feuerbach, se preguntaba, con relación a esta idea: ¿quién educará a los educadores? Es una pregunta pertinente porque sin duda los educadores tienen un gran poder para cambiar el mundo. Tal y como afirma Morin (2003): «Siempre existe, en distintas partes del planeta, una minoría de educadores, animados por la fe en la necesidad de reformar el pensamiento y de regenerar la enseñanza. Son educadores que poseen un fuerte sentido de su misión» (Morin, Roger, & Motta, 2003, 122).

Podemos concluir esta reflexión afirmando que el Objetivo de Desarrollo Sostenible número 4 es, sin duda, el gran activador o potenciador de los demás objetivos por el efecto transformador que tiene sobre las personas, las organizaciones y la sociedad. Es necesario renovar frecuentemente la dirección de la educación para que no pierda su esencia profundamente humanista y, como afirmaba Zambrano, humanizadora.

Ana López de San Román Alves

Directora de Sostenibilidad en Ilunion Hotels

16
¿ES APLICABLE LA AGENDA 2030?

Hace apenas unas semanas publiqué un artículo sobre las consecuencias que se derivan en las organizaciones e instituciones a la hora de defender un valor y no aplicarlo en la gestión de sus acciones (J. Benavides Delgado, 2020). Ponía el ejemplo del Gobierno de España durante la pandemia cuando defendía la transparencia, pero la información que facilitaba era opaca e incluso mentirosa.

Apoyándome en algunas de las referencias de la tradicional filosofía de los valores, parece claro que lo más importante de un valor no es su formulación, sino las consecuencias morales que derivan del compromiso en su aplicación; de lo contrario el valor se queda en la vaciedad de una palabra sin significado y en unas actuaciones volátiles e incoherentes. La gravedad de esta situación es que, frente a la opinión pública, esta situación genera desconfianza y pérdida de liderazgo moral, y conduce en política al recurso, más vergonzoso todavía, de los medios de comunicación amigos para que sirvan de escudo a políticos y gestores. Sucintamente esto es lo que comentaba en el texto citado y lo que entiendo ha sucedido con el Gobierno de España durante la Covid-19. Sin embargo, y dejando a un lado la falta de moralidad de los gestores que nos gobiernan, quiero trasladar esta cuestión al ámbito de la Agenda 2030.

Comienzo con una pregunta: ¿cuál es el problema de fondo de aquella reflexión? Es un argumento muy sencillo: que los valores que se definen y comprometen en las actuaciones de una organización, de no cumplirse, invalidan aquellos, convirtiendo esta en una sucesión de contravalores y pérdida progresiva de liderazgo moral. En efecto, el valor es un compromiso, pero las consecuencias de su cumplimiento o incumplimiento son casi exclusivamente morales.

Una de las cuestiones que parece clara en la gestión del intangible *responsabilidad* —que se puso tan de moda en el ámbito corporativo hace ya más de quince años— es que su significado depende del cumplimiento de los compromisos que la organización asume con esa categoría. Sin embargo, y pese a algunos de los efectos positivos que se han observado a lo largo de estos años en esto de la RSC, las empresas e instituciones siguen confundiendo el significado global de lo que significa ser responsable sobre algo y los efectos que esto tiene en los comportamientos de las personas y la propia organización. Se quedan solamente con la palabra, olvidando que la asunción de un compromiso deriva en un conjunto de consecuencias transversales complejas y diversas. En efecto, la gestión y aplicación de un intangible exige transversalidad en el conjunto de la organización; es decir, interdependencia y corresponsabilidad entre los departamentos (la ruptura de los tradicionales «silos» e interconexión de los grupos de interés de la organización). A mi juicio, este ha sido un tema no resuelto en muchas de las grandes empresas, y menos todavía en las instituciones públicas y organizaciones sociales. La transversalidad significa interdependencia, interconexión y reciprocidad. Precisamente lo más difícil de gestionar en estructuras corporativas que continúan siendo absolutamente verticales y poco interdependientes en su organización interna. Este problema, todavía poco resuelto, afecta el nudo central del intangible (o del valor) y ante la Agenda 2030 se enfrenta, además, con una cuestión mucho más amplia y global; porque dicha agenda no postula una simple noción sino todo un conjunto de categorías y contenidos que requieren aplicación y desarrollo. Por eso mismo, a mi modo de ver, la Agenda 2030 plantea y exige para cualquier tipo de organización una posición clara acerca de sus fundamentos morales.

Sin embargo, lo primero que hicieron, al menos en España, muchas empresas y las propias instituciones públicas a través de sus medios de comunicación, fue «coger el rábano por las hojas»; es decir, elegir lo más sencillo de entender y más presto al debate y la opinión. Llevamos ya muchos años discutiendo esto del cambio climático y la Agenda 2030 lo único que ha hecho es implementarlo en sus contenidos. Sin embargo, su aplicación y desarrollo corporativo adolece de una falta casi absoluta de lo que significa la propia gestión de un intangible como el medioambiente. Sucede lo mismo que con la responsabilidad, porque se sigue olvidando que lo que exige la gestión y aplicación de un intangible es su interdependencia. En la actualidad, si ponemos en relación esto de la transversalidad con el tema del valor en el medioambiente, tenemos muy diversos ejemplos, siendo el más claro, por su extensión y peligros no revelados, el tema de las plantas solares que pretenden alicatar grandes extensiones de nuestro territorio nacional. No existe transparencia en la información, y menos todavía transversalidad en la gestión de las acciones realizadas. Sin embargo todo se viste de verde, hasta la información[13].

Me explico. De muchos es sabido que en la naturaleza todo se relaciona con todo, y por ello cualquier acción que se cometa por parte de la organización y que afecte al medioambiente afecta a todo el conjunto del entorno (paisaje, residuos, contaminación, desertización, especies naturales, personas, etc.). Sin duda, la única motivación de muchos directivos y responsables públicos es gestionar más negocio y poder, desconociendo lo que significan la transversalidad y los efectos de interdependencia que tiene cualquier actividad sobre la naturaleza y la biodiversidad[14]. Por eso comentaba hace un momento lo de coger el rábano por las hojas.

A la hora de leer con cierto detalle la Agenda 2030 y el conjunto de metas propuestas, la dificultad en su comprensión tiene aquí su origen. En el fondo, si las empresas y organizaciones se toman en serio esta agenda deben comprender cuál es realmente el fundamento moral y ético del conjunto de sus contenidos, y esta cuestión pasa por el tema de la transversalidad e interdependencia que exige cualquier intangible que se gestione. Como ya he comentado, no se puede asociar el intangible de la responsabilidad o el medioambiente sin relacionar su significado con los efectos en la gestión transversal de los propios valores comprometidos. Lo mismo sucede con los valores presentes en los

---

13 Mi afirmación no pretende ser universal, porque reconozco y celebro la existencia de empresas que lo están haciendo muy bien y han conseguido indudables progresos éticos en la gestión del valor

14 Es muy interesante la lectura del conocido libro de R. Carson (1960) donde se hace una relación muy completa de las consecuencias derivadas en la naturaleza por la ignorancia y errores cometidos por las organizaciones en Estados Unidos respecto al uso de productos químicos en la naturaleza.

ODS si no se atiende a las exigencias de una ética interpersonal y, por ende, sin observar los efectos morales de sus acciones obligadamente interdependientes.

Este conjunto de exigencias, que acabo de comentar respecto al medioambiente, son las únicas que pueden garantizar la moralidad de las acciones cometidas por las organizaciones y sus gestores, evitando con ello que otros objetivos asociados al negocio o las estructuras ideológicas propias de las instituciones públicas perturben gravemente una gestión moralmente adecuada (J. Benavides, 2021)[15]. En el fondo, la transversalidad en la gestión suprime el objetivo exclusivo de negocio o la propia ideología, poniendo por encima el bien común sobre todo lo demás. Aquí reside verdaderamente el cambio propuesto en la Agenda 2030, que en el fondo apela, sin decirlo, a una fundamentación real de los principios éticos utilizados. Sin embargo, esta actitud no se observa en las empresas —especialmente las grandes—, y menos todavía en las instituciones públicas[16]. En ambos casos se sigue manteniendo que el objetivo final y único de la empresa es ganar dinero, y el de las instituciones públicas intentar controlar el poder, anteponiendo por encima del bien común sus propios intereses y estrategias ideológicas. Estos objetivos no pueden situarse nunca por encima del bien común y de la ética que lo defiende. A mi modo de ver, esto es lo que tiene que cambiar y no cambia, y los ciudadanos seguimos viviendo bajo el engaño.

Comentado todo lo que antecede, será muy difícil que los valores presentes en la Agenda 2030 se conviertan en una asunción real de compromisos y principios éticos por parte de las organizaciones. El mundo corporativo, tal y como lo conocemos en la actualidad, está convirtiendo los contenidos de dicha agenda en un conjunto de códigos deontológicos y poco más. La deontología son normas, y como ya se ha escrito

---

15 Ver, al respecto, https://diarioresponsable.com/opinion/30616-las-instituciones-y-los-ods

16 Sirva de ejemplo el documento que se acaba de publicar por el Gobierno de España sobre las directrices de estrategias generales para el desarrollo de la Agenda 2030 no dejan de ser un canto al sol sin precisión y aportes concretos (Gobierno de España, 2021, por ej., ver ppg.33-37) ¿Cómo cabe preguntarse por una estrategia de país cuando lo importante es sumarse y rectificar los posibles errores de una estrategia global? ¿Dónde están los consensos y aprendizajes de la crisis del Covid-19? ¿Cómo se puede introducir un único programa ideológico sin una previa gestión global, justa, sostenible y compartida? (p. 43)

en muchos sitios, la norma está para saltársela; y esto sucede porque las normas pueden existir sin principios que las fundamenten. Ese es un problema corporativo que se cita en demasía, pero que no define la política y tampoco la economía. Por eso algunos autores (N. Luhmann, 2013) entendían que la política o la economía vivían ausentes de la moral; la cuestión que ahora parece añadirse es si el derecho también va a estar obligadamente separado de la moral.

Por todo lo que acabo de comentar, entiendo que la Agenda 2030 exige un cambio en la mentalidad de la propia sociedad, de sus políticos, economistas y comunicadores, al menos de los de este primer mundo, tan ocupado por su bienestar y tan ajeno a lo que impone una ética global; algo que no están en condiciones de hacer, o al menos no saben cómo hacerlo. De lo contrario la Agenda 2030 es papel mojado, algo inaplicable.

Juan Benavides Delgado

Catedrático emérito de comunicación de la
Universidad Complutense de Madrid.
Miembro de la Cátedra Iberdrola de Ética Económica
y Empresarial en la Universidad Pontificia Comillas

17

¿POR QUÉ TODO PARECE DERRUMBARSE? UNA CRÍTICA MORAL DE NUESTRO TIEMPO

La responsabilidad social moderna cuestionó el modelo clásico de comprensión de la actividad económica. Este modelo definía a la empresa como una organización cuyo fin es la maximización de los beneficios y la satisfacción económica de los accionistas. Esta visión se correspondería con los enfoques liberales que defenderían la desregulación de los mercados, los procesos de privatización y la reducción de la carga fiscal. En su obra *Capitalismo y Libertad*, Milton Friedman argumentó que habría una, y solo una, responsabilidad social de las empresas: usar los recursos disponibles para incrementar los beneficios dentro de las reglas del juego en un mercado abierto y competitivo, sin fraudes ni engaños. Esta idea se popularizaría más tarde en su famoso artículo publicado en el New York Times bajo el título *The Social Responsibility of Business is to Increase its Profits*.

Sin embargo, desde el propio liberalismo —en el caso de la corriente ordoliberal— se defendió la necesidad de valores que sean capaces de llenar el vacío en que se habría instalado el sujeto moderno. Para el filósofo y economista alemán Wilhem Röpke (1996: 24), «la raíz más profunda de la enfermedad de nuestra cultura se halla en la crisis espiritual que se ha consumado en cada individuo», es decir, que nuestro problema está en «la destrucción del sistema de valores en los que se apoya nuestra cultura con su secuencia de vacío espiritual y moral que, en el mejor de los casos, se satisface con el culto a los incentivos materiales» (1996: 77). Estos planteamientos nos permiten identificar, incluso, las raíces morales de la crisis ecológica que vivimos: el vacío es causante de un consumo irracional, con la correspondiente degradación medioambiental.

Desde hace décadas este vacío se habría intentado llenar mediante dos instituciones que reclaman para sí la organización del orden social: el Estado y el mercado. Dos instituciones que tratan de dar respuesta, no solo a las necesidades, finitas, sino también a los anhelos o deseos, inagotables y desestabilizantes. El propio Röpke entendió que no todo se puede satisfacer con el mercado; «la economía de mercado no lo es todo. Debe inscribirse en un orden total superior, que no puede apoyarse en la oferta y la demanda, en la libertad de precios y en la libre competencia» (1996: 22). En consecuencia, se necesitan condiciones sociales y culturales de posibilidad para el buen funcionamiento del mercado:

«El apoyo último de la economía de mercado, en cuanto que es de naturaleza moral, debe buscarse fuera del mercado mismo. El mercado y la competencia están muy lejos de poder generar autónomamente los presupuestos morales que le son necesarios. Aquí está el error del inmanentismo liberal. Estos presupuestos deben cumplirse desde fuera y, al contrario de lo que dicho inmanentismo afirma, son el mercado y la competencia los que los someten a una continua prueba de resistencia, los que los exigen y los utilizan» (1996: 157).

Tampoco se puede satisfacer todo mediante el desnudo poder del Estado y de la política, un ámbito que «ha aumentado en proporciones enormes y sigue creciendo sin cesar» (1996: 34) y, en consecuencia, restringe la libertad en favor de formas cada vez más poderosas de Estado. Hoy la política se ha convertido en el imperio, no ya de la posverdad, sino de la cruda mentira, y trata de utilizar todos los medios a su disposición para lograr sumisión sin ninguna resistencia.

Por todo esto es necesario plantear los fundamentos normativos de una sociedad buena, y no movernos únicamente en el plano inmanentista de la descripción o la prescripción. Los fundamentos normativos se sitúan por encima de la política y del mercado. Siguiendo al filósofo de origen austriaco Ludwig Wittgenstein: «Lo que quiero decir es que mientras entendamos un estado mental como un hecho descriptible, este no es bueno ni malo en sentido ético. Por ejemplo, si en nuestro libro del mundo leemos la descripción de un asesinato con todos los detalles físicos y psicológicos, la mera descripción de estos hechos no encerrará nada que podamos denominar una proposición ética. El asesinato estará en el mismo nivel que cualquier otro acontecimiento como, por ejemplo, la caída de una piedra. Ciertamente, la lectura de esta descripción puede causarnos dolor o rabia o cualquier otra emoción; también podríamos leer acerca del dolor o la rabia que este asesinato ha suscitado entre otra gente que tuvo conocimiento de él, pero serían simplemente hechos, hechos y hechos, y no ética» (Wittgenstein, 1989: 116)

Si bien el intento de Wittgenstein de arremeter contra los límites del lenguaje le situó, en principio, en una posición desesperanzada, poco después encontraría una salida en el lenguaje entendido como práctica. No encontramos el fundamento de la ética en el plano descriptivo; su fundamento se encuentra en la acción. Las proposiciones éticas son prácticas lingüísticas: el lenguaje es una forma de acción que encuentra su justificación en la obra misma: «es nuestra actuación la que yace en el fondo del juego del lenguaje» (Wittgenstein, 2006: §204). Estas prácticas serían los ejes de nuestra conducta fuera de toda duda o, incluso, condición posibilidad de que tengamos dudas pues «la duda descansa solo en lo que está fuera de duda» (Wittgenstein, 2006: §519).

Las prácticas éticas son los goznes sobre los que se mueven las instituciones económicas y políticas. Ahora bien, ¿se ha instaurado la duda en los goznes de la sociedad? ¿Se mueven las instituciones de la sociedad sobre sus ejes, o viajan descarriladas y sin principios? ¿Desde qué fundamentos se erigen las complejas construcciones sociales y tecnológicas? Los fundamentos se justifican en las prácticas. Hay prácticas que están mal fuera de toda duda, pero la duda se instaura en la condición de toda duda y hoy todo parece derrumbarse.

Joaquín Fernández Mateo

Profesor del área de Filosofía de la Facultad de Ciencias Jurídicas y Sociales de la Universidad Rey Juan Carlos

18

UN TIEMPO PROPICIO PARA UN NUEVO PACTO ENTRE EMPRESA Y SOCIEDAD

El escenario en el que las empresas están operando y, sobre todo, en el que van a verse abocadas a operar en el inmediato futuro, ofrece serios desafíos que en absoluto conviene desatender. A título de ejemplo, anotemos los tres siguientes: remontar la formidable crisis económica que nos espera sin que se dispare la desigualdad social; actuar frente a los problemas medioambientales —agotamiento de recursos no renovables, contaminación, cambio climático— con decisión y buen tino; ajustar las estrategias y hacer que los modelos de negocio evolucionen al compás de una adaptación creativa e inteligente a la realidad tecnológica que conlleva la digitalización de esta cuarta Revolución industrial.

Ahora bien, por intrincada y compleja que la anterior agenda se nos presente, las nuevas realidades ofrecen también estimulantes oportunidades que habría que tratar de aprovechar para impulsar cambios profundos y llevar a efecto transformaciones de calado, no solo en el marco organizativo y económico, sino incluso en el legislativo, en el político, en el social e incluso en el cultural.

Quien sepa leer con perspicacia la realidad y esté avezado a interpretar con sagacidad los signos de los tiempos podría encontrar en ese ejercicio ocasión propicia, no solo para implementar proyectos empresariales orientados desde modelos de negocio innovadores, animados por estrategias más o menos disruptivas que, en su caso, podrían cristalizar en estructuras organizativas más eficientes. Al tiempo que emplea en ello su voluntad creativa, estaría situando a su empresa a la altura de los tiempos, poniéndola en sintonía con unas expectativas sociales a escala global, crecientemente explícitas y cada vez más exigentes.

Avanzar por esta senda, por lo demás, podría traer consigo la restauración de la confianza, el incremento de la legitimidad y, en definitiva, la consolidación sobre bases firmes de una futura relación entre empresa y sociedad, estable y beneficiosa para ambas partes, capaz de construir un entorno munificente orientado al largo plazo. La meta hacia la que pareciera que las expectativas buscaran encaminar la gestión empresarial del futuro inmediato requiere una especie de «más difícil todavía» en línea con la reciedumbre de los tiempos que se avecinan. Se aspira indiscutiblemente a la consecución de buenos resultados económicos. Es decir, razonables, óptimos para los tiempos que corren, lo cual no debe ser interpretado necesariamente como máximos. Y, en todo caso, justos y sostenibles.

Con todo, para exhibir una gestión exitosa no es suficiente con lo anterior. Insistimos: incluso dando por hecha la posibilidad de estar en condiciones de presentar una cuenta de resultados económicos brillante, podría quedar deslucida si, además, no se estuviera atendiendo como sería de desear a la dimensión no financiera. Es decir, a una especie de correlativo progreso social cada vez más susceptible de ser medido y cuantificado con precisión, así como de una preocupación explícita por el respeto al medioambiente en el que la empresa impacta con su actuación.

El hecho cierto es que —más allá de los mantras a la moda, al margen del hartazgo que producen las consignas retóricas, e incluso sufriendo la indigestión intelectual que se deriva de formulaciones empalagosas y, a veces cursis, de tantos tópicos y lugares comunes como proliferan por redes y medios— nunca como ahora parece haber sido la humanidad tan consciente de que, en efecto, «vamos todos en el mismo barco»; «tenemos que cuidar de la casa común» y de que «no podemos dejar a nadie detrás». Dicho sea esto último desde cualquiera de los planteamientos motivadores para su formulación: ya sea, de una parte, el componente altruista, enraizado en la ética que apela a la fraternidad; ya, de otra, el motivo táctico que busca cubrirse las espaldas de una agresión *a tergo* por parte de quien decidiera tomarse por su mano el desquite de lo que hubiere asumido como agravio.

De todas maneras, como la historia nos enseña, las épocas de crisis significan mucho más de lo que a primera vista resulta obvio. A saber: una situación mala y dificultosa, un cambio hacia peor, con una frecuente reducción de la tasa de crecimiento; la pérdida de energía vital y tono anímico, con un consiguiente aumento del estrés, nimbado por la negra sombra de la desolación.

Cuando se consideran los hechos con la suficiente objetividad, y sin tener que negar lo anterior, desde otra perspectiva se puede incluso reconocer que también hay crisis de crecimiento; y que, para ello, deben ser superadas. Sin ir más lejos: el tránsito de la niñez a la juventud requiere pagar el peaje que supone la crisis de la adolescencia. Pero, sin ello, ni se avanza en el desarrollo de la personalidad ni se sentarían las bases que habrían de permitir desplegar en su momento las capacidades que habrían de estar llamadas a florecer en la vida adulta.

En consecuencia, procede dejar sentado, por modo de axioma, el siguiente aserto: cuando, haciendo de la necesidad virtud, los tiempos críticos se gestionan con la adecuada habilidad y prudencia, podrían aquellas circunstancias y coyunturas servir de excelente rampa de lanzamiento para ensayar propuestas innovadoras en todos los ámbitos de la vida: desde lo económico a lo político, y desde lo social a lo cultural.

Si ello es así, como sinceramente lo creo, lo cierto es que estamos en un momento histórico excepcionalmente propicio para tratar de construir, entre todos, un nuevo relato para la empresa y la gestión: una narrativa que articule de manera creíble e ilusionante los polos que representan, de una parte, la empresa y de otra, la sociedad. Porque lo cierto es que vivimos una coyuntura inmejorable para elaborar aquella especie de nuevo pacto global por el que tantos vienen clamando desde hace ya más de veinte años.

Por seguir con la metáfora, se trataría de redactar las cláusulas de un contrato —más o menos explícito— entre instituciones de todo tipo y la sociedad en su conjunto, entendida esta en el más amplio sentido del término, tanto en lo conceptual cuanto en lo geográfico. El objetivo último sería dar cabida y hacer realidad el advenimiento de un sistema económico más eficiente y justo. A este respecto cabe señalar cómo algunas voces autorizadas —desde la plataforma que constituye un *think-tank* tan reputado como en ciertos ámbitos resulta ser el Foro Económico Mundial (WEF)— hablan del «capitalismo de *stakeholders*». Avanzar hacia ello, dicen, exige un *reset*, una suerte de reinicio de la máquina para el que sería bueno apostar por una propuesta axiológica a la altura de las circunstancias que nos envuelven. Esto es, anclada en una auténtica solidaridad que, como no puede ser de otra manera, brote de *la prise de conscience* de la magnitud y el calado de las tareas que la agenda común —en concreto, la famosa Agenda 2030 de la que derivan los famosos 17 Objetivos de Desarrollo Sostenible (ODS)— está planteando a escala planetaria a la humanidad en su conjunto.

José Luis Fernández Fernández

Cátedra Iberdrola de Ética Económica y Empresarial
Facultad de Ciencias Económicas y Empresariales ICADE
Universidad Pontificia Comillas

19
RECTA FINAL PARA LA AGENDA 2030.
¿NOS FALTA TIEMPO?

Bastante ha llovido desde que el 25 de septiembre de 2015, la Asamblea General de Naciones Unidas adoptara la Agenda 2030 como una hoja de ruta para unificar las acciones y las políticas de los 193 países firmantes, y sus gobiernos, empresas y organizaciones se comprometieran a cumplir sus objetivos y metas antes de finales de ese año. Y durante este tiempo hemos visto que el progreso de su implantación y desarrollo ha sido muy desigual e, incluso en algunos casos, se ha desandado el camino que se llevaba avanzado en los últimos años. El empuje inicial de algunos países se ha ido diluyendo en este tiempo y aunque se han hecho muchas cosas en algunos de sus objetivos, aún queda mucho por hacer. La próxima década será decisiva para saber hasta qué punto el mundo puede alcanzar los compromisos firmados.

En España, como sabemos, los ODS están integrados en el Gobierno bajo el paraguas del Ministerio de Derechos Sociales y Agenda 2030. Según el último informe elaborado por la Red de Soluciones para el Desarrollo Sostenible y la fundación *Bertelsmann Stiftung*, que analiza el progreso de la implantación de los ODS en los 193 países miembros, España se coloca en el puesto 20 en el *ranking* global del *Sustainable Development Report*[17]. Una buena posición, sin duda, pero con amplio recorrido de mejora frente a otros países europeos como Finlandia, Suecia, Dinamarca, Alemania, Bélgica o Francia, con valores bastante superiores a los nuestros.

---

17   https://dashboards.sdgindex.org/.

También Naciones Unidas ha presentado su Informe 2019 sobre el estado de los Objetivos de Desarrollo Sostenible[18], en el que muestra que, aunque se ha avanzado mucho en algunas áreas y objetivos concretos, aún falta mucho por hacer para cumplir los objetivos propuestos a falta de una década para que cumpla el plazo establecido. Este informe indica que, entre otros, el ODS 7, que busca garantizar el acceso universal a una energía asequible, segura, sostenible y moderna, es uno de los que mayor recorrido lleva en estos años, logrando avances espectaculares en la implantación de mecanismos de acceso a la energía eléctrica en los países más pobres.

Desde su fundación, en el año 2003, Energía sin Fronteras ha enfocado su actividad hacia la provisión de energía y agua a las comunidades más desfavorecidas donde los servicios de suministro público no llegan, facilitando el derecho de todas las personas a disponer de energía, agua y saneamiento de forma segura y sostenible en el marco de la Agenda 2030.

La falta de combustibles y tecnologías menos contaminantes sigue siendo uno de los principales factores que contribuyen a los problemas de salud y a la degradación del medioambiente en los países de ingresos bajos. Hoy casi 3.000 millones de personas continúan dependiendo de sistemas de cocción ineficiente y altamente contaminante, que se traduce en casi cuatro millones de muertes prematuras cada año. Y esto se agudiza en las comunidades rurales aisladas, donde la pobreza es más notable. Para iluminarse y realizar las diferentes actividades productivas diarias las familias utilizan métodos basados en el uso de combustibles tradicionales como ocote, keroseno, velas, pilas o gasolina, con una exposición media de siete a ocho horas diarias a humos y contaminantes, especialmente mujeres, niños y ancianos que permanecen en el hogar.

El impacto que supone para una familia el tránsito desde una vela a una bombilla afecta positivamente a diversos aspectos de su vida. La oportunidad de contar con iluminación de calidad al atardecer y de noche permite el desarrollo de actividades tanto domésticas como productivas en horas hasta entonces inhábiles para atender estos quehaceres. Numerosos estudios indican que la disponibilidad de iluminación eléctrica aumenta el tiempo de escolarización de los niños, ya que pueden

---

18   https://unstats.un.org/sdgs/report/2019/The-Sustainable-Development-Goals-Report-2019_Spanish.pdf

hacer sus tareas y dedicar más tiempo al estudio, además de la ya mencionada mejora para su salud al estar en atmósferas mucho más limpias, así como la eliminación del inherente riesgo de incendio.

La industria fotovoltaica ha dado pasos de gigante en el abaratamiento y simplificación de los equipos. Hoy en día disponemos de dispositivos energéticos, llamados de tercera generación, más modernos, más sencillos, autoinstalables, sin mantenimiento, con una vida útil de más de diez años y un coste muy bajo que se estima asumible por los usuarios. Y esto es solo el principio, puesto que se espera un mayor desarrollo de estos equipos en los próximos años reduciéndose aún más sus costes e incrementándose sus prestaciones.

Esto ha permitido a Energía sin Fronteras formular un nuevo tipo de proyectos autofinanciables, denominados Corylus, que permiten a las organizaciones de cooperación optimizar recursos de financiación en el suministro e instalación de sistemas de abastecimiento domiciliario en comunidades aisladas con muy bajos ingresos, de tal manera que los beneficiarios tengan acceso muy fácil a la energía.

Los usuarios obtienen sus equipos y los abonan en un plazo razonable, acorde con su escasa capacidad de ahorro, de forma que se pueda recuperar la inversión inicial para utilizarla en sucesivas réplicas o ampliaciones en las comunidades vecinas. Así, los propios beneficiarios se convierten en cómplices solidarios del desarrollo de su comunidad. La cuota, y en consecuencia el plazo de devolución, se establece de tal manera que la cantidad mensual a abonar nunca exceda del coste que los beneficiarios utilizan en la actualidad para la compra de combustibles tradicionales. Una vez resarcida la deuda, esa misma cantidad supone un ahorro neto que cada familia puede dedicar a cubrir otra necesidad.

Para poder implementar el modelo, se diseñó un proyecto piloto que ha sido desarrollado por Energía sin Fronteras, en consorcio con Ayuda en Acción y con la Fundación para la Acción Comunitaria de Honduras (FUNACH), para aplicarlo en Honduras. Este proyecto suministra energía domiciliaria solar fotovoltaica para abastecer de electricidad a unas comunidades rurales indígenas y aisladas para las cuales no está previsto que tengan acceso a la red eléctrica antes de un plazo de al menos diez años, cuando se cumplan los objetivos de la Agenda 2030.

Desde que el proyecto Corylus se inició en el año 2018 en Honduras, no ha parado de crecer y extenderse por todo el departamento del Yoro, para brindar accesibilidad a la electrificación domiciliaria rural fotovoltaica a más de 5.000 personas de 24 comunidades indígenas y más desfavorecidas de todo el territorio. Este proyecto busca que las familias de estas comunidades tengan acceso a una energía limpia, sostenible y en igualdad de condiciones, fortaleciendo así sus capacidades para la planificación energética a nivel local y el desarrollo social de todo el departamento, contribuyendo con los ODS 3, 4, 5, 7, 10 y 17, en salud, educación, igualdad, energía asequible, reducción de desigualdades y alianzas para el logro de los Objetivos 2030.

Hoy se ha convertido en uno de los proyectos estrella de la organización, no solo por el alcance y valor económico del proyecto, sino como modelo de gestión de proyectos y establecimiento de alianzas con otras organizaciones implicadas en su desarrollo. Y estamos orgullosos de ello, pero no podemos caer en la autocomplacencia y conformarnos con el camino andado hasta ahora. Debemos, tenemos, que hacer más.

Los ODS no solo sirven para generar bienestar durante las épocas buenas, sino también para hacer frente con fortaleza a los numerosos problemas que puedan surgir, sobre todo en los países más pobres. Un ejemplo claro lo tenemos en el Covid-19 y sus diversas consecuencias en todo el mundo. «La pandemia nos ha empujado hacia la peor recesión en décadas y ha tenido terribles consecuencias para los más vulnerables», ha declarado Antonio Gutierrez, secretario general de la ONU, en el primer Momento ODS celebrado en septiembre 2020[19], un acto dedicado a impulsar la consecución de la Agenda 2030 para el desarrollo sostenible, quien señaló que la Agenda 2030 está precisa y especialmente diseñada para abordar con garantías las fragilidades que esta crisis ha expuesto. «En su interior subyace una clara promesa: acabar con la pobreza y no dejar a nadie atrás (…). Brinda la orientación que necesitamos para poner fin a la pandemia, responder a sus repercusiones socioeconómicas y trazar el rumbo de una recuperación transformadora». «Nuestro propósito es mostrar que la transformación

---

19 Noticias ONU. Mirada global. Historias humanas. https://news.un.org/es/story/2020/09/1480752

es posible y que está ocurriendo en estos momentos de un modo adecuado en muchos lugares y con muchas innovaciones, así como con el compromiso de mucha gente».

Aún con las dificultades de la pandemia, el evento reunió a numerosos representantes de los gobiernos, la sociedad civil, autoridades locales, organizaciones internacionales, el sector privado, y otras partes interesadas, mostrando que el compromiso sigue vivo. Evidentemente queda mucho por hacer, pero, en mi opinión, aún estamos a tiempo.

Hernán Cortés Soria

Voluntario de Energía sin Fronteras. Experto en Medio Ambiente y RSC y ex Director de Sostenibilidad de Endesa

20

¡DEJEMOS YA DE MANOSEAR LOS ODS!

Siento decirlo así. Pero estoy harto de ver el pin y el logo de los ODS por todas partes como si se tratase de una lámina bonita que se vende en los mercadillos para decorar. Y no es que sea un «negacionista» de la Agenda 2030, no. Es que estoy harto del *ODS-Washing* y del «manoseo» que se está haciendo de los 17 Objetivos para mostrar un hipotético «compromiso» con el desarrollo sostenible que, en la mayoría de las veces, no va más allá de usar un logo para subirse a la ola.

Y lo peor es que este «manoseo» se estaría dando por parte de todos los espacios, tanto por el lado de las empresas como por el de los poderes públicos. Intentaré explicar por qué.

Por lo que afecta al ámbito corporativo, y si somos sinceros, hoy en día muchas compañías utilizan los ODS como un simple *«packaging* de comunicación»*, como marco para contar lo que ya venían haciendo desde hace años, pero no como un filtro para tomar las decisiones importantes (es decir, para hacer cosas distintas de las que ya venían haciendo, o sobre todo para dejar de hacer algunos programas que van contra la sostenibilidad). Llevando este argumento al límite podríamos perfectamente coger cualquier informe anterior a 2015, fecha de lanzamiento de los ODS, «empaquetar» las acciones realizadas bajo el paraguas de la Agenda 2030… y no pasaría nada.

Los datos son bastante concluyentes. En una investigación que hicimos Fundación Seres y Atrevia del 19 de enero al 19 de febrero de 2021, el 88 % de las empresas consultadas utilizaban los ODS como marco de comunicación de las acciones que ya venían desarrollando en materia de RSC/Sostenibilidad, pero solo el 18 % los tenía en cuenta como filtro en el proceso de toma de decisiones. Este dato se complementa con otros dos: el 85 % de las empresas consultadas nunca han cerrado un proyecto en marcha o dejado de hacer un proyecto en fase de lanzamiento por influencia de los ODS, frente a solo un 7 % que declaran haber parado algún proyecto por contravenir la Agenda 2030.

Y es que, en mi opinión, los ODS «vuelan demasiado alto» para las empresas. De las 169 metas en las que se desglosan los 17 Objetivos, no es fácil encontrar una que no necesite ser traducida a indicadores gestionables y accionables por las empresas; de igual forma, es muy complicado encontrar una empresa que impacte positivamente en más de cinco Objetivos. No obstante, y según se ha señalado en un informe realizado por *BlackRock* titulado «*Sustainable Investing*: Integración de los ODS en las inversiones», se afirma que, «un mapeo de los 980 indicadores de sostenibilidad financieramente importantes identificados por el Consejo de Normas de Contabilidad de la Sostenibilidad (SASB por sus siglas en inglés) con los 242 indicadores de país de los ODS, revela una coincidencia de hasta el 70 %».

Aun así creo que es difícil que los ODS tengan traducción directa en el día a día empresarial, al contrario de lo que ocurre con los procesos regulatorios de la UE en materia de financiación sostenible (taxonomía), informe de sostenibilidad, gobierno corporativo sostenible, o diligencia debida, por poner solo unos ejemplos. En otras palabras: el tsunami regulatorio procedente de Europa sí tiene un impacto directo en la gestión diaria del de las empresas, mientras que los ODS quedan más bien en un plano inspiracional.

Y... ¿qué pasa en el ámbito público? Pues que, a diferencia del sector empresarial, la Agenda 2030 sí tiene el potencial de ser la hoja de ruta clave para la acción de los Estados. La razón es clara: las 169 metas (indicadores) en los que se traducen los ODS casan, o pueden casar, perfectamente con la acción de los Estados: ahí sí puede haber *accountability*, porque los datos pueden extraerse de la contabilidad nacional. Sin ir más lejos, en el último Informe sobre Desarrollo Sostenible 2021, elaborado por la Red de Soluciones para el Desarrollo Sostenible (SDSN, en inglés) y la Fundación Bertelsmann Stiftung, se incluye el *ranking* «Índice ODS», que muestra los avances de los Estados en la Agenda 2030.

En ese *ranking* de desarrollo sostenible, España se situó en 2021 en el puesto número 20, aumentando dos posiciones respecto a 2020 y pasando de un nivel de cumplimiento del 78,1 % al 79,5 % (sobre una base total de 100 %). Con esta puntuación, España se situó por delante de países europeos como Portugal, Italia, Grecia o Hungría, pero detrás de Francia, Croacia o Reino Unido. Los líderes son, como siempre en estas materias, los tres países nórdicos: Finlandia, Suecia y Dinamarca.

Entonces, ¿dónde está el problema en el sector público? Pues, en mi opinión, hay algunos claros ejemplos de cómo desde lo público se están manoseando los ODS. El más visible quizá sea el uso indiscriminado del logo en salas y fachadas de organismos oficiales, aunque ese no sería más que un «pecado venial» de comunicación, cuya principal consecuencia es que el logo de los ODS llegue a convertirse en un elemento más del paisaje. Pero el más importante es, en mi opinión, que algunos poderes públicos se estén olvidando del Objetivo 17, el que impulsa la cooperación público-privada. Tengámoslo claro: ningún Estado podrá cumplir con los ODS si no reconoce y favorece la contribución de la incitativa privada. Basten dos datos para explicar esto que digo. Primero: en 2019, el 56 % de toda la inversión española en I+D se llevó a cabo por el sector privado, el 17 % perteneció al público, el restante 27 % procedía de la enseñanza superior, pública y privada. Y segundo: en ese mismo año, de los casi 20 millones de trabajos existentes en España, alrededor del 70 % eran contratos de empresa o por cuenta ajena, el 21 % eran públicos y el 10 % trabajadores autónomos. Con estos dos datos es más que evidente que no se podrán alcanzar objetivos de 2030 si lo público y lo privado no cooperan juntos.

Visto lo visto, ¿qué hacemos para evitar caer en el *ODS-Washing*? Pues tener claras algunas (pocas) cosas: primera, que los Estados son los que, en su conjunto, cumplen, o no cumplen, con los ODS; segunda, que las empresas no cumplen con los ODS, sino que se inspiran en ellos y contribuyen a que los países los alcancen (de hecho, las empresas españolas contribuirán de largo a conseguir que los Estados alcancen los ODS cumpliendo la ley española y europea); tercera, que desde un punto vista comunicacional, no hay mejor manera de «quemar» un logo que trivializarlo y aplicarlo indiscriminadamente sin más criterio que el de dejarlo ver; y cuarta, que sería deseable que, para una de las 169 metas, pudiéramos saber en qué parte contribuyen los Estados y en qué parte lo hace la iniciativa privada, para que, en su conjunto, los Estados puedan cumplir con los ODS.

Así que, dejemos de manosear los ODS y tengamos claro que esto va más de hacer (y sobre todo de impulsar la cooperación público-privada) y menos de «pines» o banderitas. Vale ya de fuegos artificiales

Alberto Andreu Pinillos

Presidente DIRSE - Asociación Española de Directivos de Sostenibilidad

21

VOLVER A EMPEZAR, PERO NO DE CERO

Si lo de lograr un futuro mejor en 2015 podía resultar un plan demasiado ambicioso, tras una pandemia —con más de cuatro millones de fallecidos y 185 millones de contagiados en todo el mundo— parece que la Agenda 2030 y sus 17 Objetivos de Desarrollo Sostenible (ODS) o, lo que es lo mismo, el proyecto más grande del mundo a favor de las personas, del planeta y de la prosperidad, tiene nuevos retos que afrontar.

El horizonte 2030 está la vuelta de la esquina y resulta más acechante para un mundo que se encuentra en pleno proceso de recuperación tras una batalla que aún no ha terminado y en la que se siguen gastando balas.

La crisis sanitaria del Covid-19 está teniendo un enorme impacto en todas las empresas, que se enfrentan a grandes incógnitas en un nuevo escenario marcado por la incertidumbre, la inestabilidad y el miedo a la no supervivencia, pero cuentan con el respaldo de un compromiso global con una agenda mundial a la que dar respuesta.

La pandemia ha generado también cambios en los hábitos, preferencias y expectativas de los consumidores y una clara situación de emergencia social.

En el entorno empresarial, la pandemia ya ha tenido consecuencias importantes, como el cambio de prioridades en la estrategia; los nuevos modelos de trabajo: teletrabajo y trabajo flexible; la RSC como factor de competitividad y diferenciación, y de visibilidad y como forma de conectar con las expectativas de la sociedad y crear valor; la recuperación de la acción social como parte de la actividad empresarial; la transparencia y la comunicación como herramientas necesarias frente a la incertidumbre y el pesimismo; y el posicionamiento de los Objetivos de Desarrollo Sostenible (ODS) como parte de la estrategia, prestando especial atención a las alianzas para alcanzar los ODS y a la salud y el bienestar; la igualdad de género; el trabajo decente y crecimiento económico; industria, innovación e infraestructuras; producción y consumo responsables; y la acción por el clima.

Las empresas han hecho —o deberían estar haciendo— un ejercicio interno para reconsiderar posiciones y objetivos en un contexto muy cambiante. ¿Y cómo afrontar ahora nuevos retos? Debe volverse al inicio, pero sin partir de cero. Tenemos experiencia.

Solo tienen que preguntarse: ¿cómo podemos volver a aportar? La pregunta ya se la hicieron con la aprobación de la Agenda 2030. Así sucedió en Metro, por ejemplo, donde comenzamos por analizar uno por uno los 17 Objetivos y sus 169 metas, y los cruzamos con todos los proyectos, planes, iniciativas y acciones que, o bien se habían desarrollado o podían ponerse en marcha. La conclusión fue que más de veinte proyectos contribuían directamente a la consecución, quizá de forma modesta, de alguno de estos objetivos y sus metas.

Optamos por aprovechar la oportunidad que nos brindaban para hacerlos nuestros y comenzar a hablar en el mismo idioma que otras grandes empresas, y sobre todo aprovechamos la oportunidad de mejorar: ya que estos objetivos marcaban una senda de retos y desafíos en los que no habíamos reparado hasta entonces.

Metro, ya de por sí es sostenible por su propia naturaleza: una empresa pública que ofrece un servicio de carácter público. Además un servicio esencial, bajo tierra y sin hacer uso de combustibles fósiles, por lo que no contamina. Además, genera empleo y crecimiento económico (donde hay un acceso al metro, hay negocios, hay trabajo) y contamina menos que el vehículo privado.

Teniendo esto ya como base, es fácil que, de forma voluntaria o de forma sosteniblemente consciente, trabajemos a favor de los ODS y del desarrollo sostenible. Pero siempre hemos sido conscientes de que no podemos dar palos de ciego.

El negocio de Metro es el que es: nos dedicamos al transporte. Debemos focalizar nuestros esfuerzos y priorizar. Porque, a pesar de que la movilidad sostenible es una herramienta transversal para lograr los Objetivos de Desarrollo Sostenible, su relevancia destaca especialmente en el Objetivo 11: Ciudades y comunidades Sostenibles, el ODS en el que Metro, por su actividad, debe focalizar sus esfuerzos, sin olvidar otros objetivos, como el ODS 8 (sobre empleo y crecimiento económico), el ODS 9 (que apuesta por infraestructuras resilientes e innovadoras), el ODS 13 (lucha contra el cambio climático) el ODS 7, sobre energía no contaminante, o el ODS 10, que busca reducir las desigualdades.

Y ahora, tras la hecatombe provocada por la pandemia del Covid-19, nos hemos vuelto a plantear la pregunta y ha surgido otra prioridad, la contribución al ODS 3.

Ante esta situación, Metro trabaja en el I Plan de Gestión Responsable que estará integrado en el plan estratégico general y que define las líneas de trabajo y proyectos orientados a desarrollar por la compañía en el marco de la sostenibilidad en los próximos años, que estarán marcados por la recuperación.

Este plan establece la forma de trabajar de manera transversal y las iniciativas estratégicas relacionadas con la responsabilidad social y los asuntos en materia ética, económica, ambiental y social identificados como relevantes por los grupos de interés, atendiendo a las nuevas necesidades de la sociedad tras la crisis del Covid-19 y alineado con los ODS.

Así, Metro pretende contribuir a la creación de un modelo de movilidad más sostenible en la Comunidad de Madrid, para lo que apuesta por una gestión ética y responsable, compromiso que establece como su propósito.

Se articula en torno a las tres dimensiones sobre las que se asienta la política de Responsabilidad Corporativa (RC) de Metro de Madrid: negocio responsable, cultura inclusiva y gestión medioambiental, y está siendo elaborado teniendo en cuenta las necesidades sociales y ambientales, así como las tendencias surgidas tras la crisis sanitaria del Covid-19.

Este nuevo escenario, junto a los retos globales de los ODS y el propósito de aportar valor al propio negocio de Metro —tras el impacto de la crisis—, ha marcado la definición de cinco líneas estratégicas con diez planes de acción, que están orientados a contribuir a la sostenibilidad (desde lo más local, pero con una visión global) y a los ODS, y especialmente al ODS 11 (Ciudades y comunidades sostenibles), en el que nosotros ponemos el foco y al que contribuimos prestando un servicio público de calidad con instalaciones cada vez más accesibles. Pero la actividad de Metro impacta también sobre otros ODS:

- *ODS 9: mejorando nuestras instalaciones para incrementar la calidad de vida de empleados y clientes a través de la innovación.*

- *ODS 7: promoviendo la eficiencia energética.*

- *ODS 8: proporcionando estabilidad laboral y la creación de empleo directo e indirecto y fomentando la diversidad y potenciando las capacidades.*

- *ODS 10: reduciendo las desigualdades a través de la implantación de herramientas y medidas dirigidas a favorecer la accesibilidad cognitiva.*

- *ODS 13: usando de forma eficiente los recursos naturales y aplicando medidas para reducir nuestras emisiones.*

Además estamos reforzando todos aquellos planes y acciones que tienen que ver con la salud y la protección de nuestros empleados y de nuestros clientes (ODS 3).

Metro trabajará en los siguientes planes de acción:

- *Integración de la RSC en la gestión: reforzando y sistematizando la preocupación por los impactos económicos, sociales y ambientales de su actividad en la gestión de la compañía (incluida* la cadena de suministro). (ODS 11 «Ciudades y comunidades sostenibles» y 16 «Instituciones justas/empresas responsables»)

- *Creación de una cultura corporativa responsable para reforzar el compromiso de todos los empleados con la sostenibilidad (ODS 11 «Ciudades y comunidades sostenibles» y 16 «Instituciones justas/empresas responsables»).*

- *Mejora del reporte, para velar por una comunicación responsable, transparente y activa (ODS 11 «Ciudades y comunidades sostenibles» y 16 «Instituciones justas/empresas responsables»).*

- *La sostenibilidad como valor diferenciador: consolidar Metro de Madrid como referente en sostenibilidad en el sector de transporte y como ejemplo de gestión responsable (ODS 11 «Ciudades y comunidades sostenibles» y 16 «Instituciones justas/empresas responsables»).*

- *Motivación e involucración del empleado, para asegurar la motivación y la implicación del equipo humano en la mejora continua de Metro (ODS 8 «Trabajo decente y crecimiento económico»).*

- *Cuidado y protección del empleado, garantizando la seguridad y el bienestar del equipo que conforma Metro (ODS 3 «Salud y Bienestar»).*

- *Cuidado y protección cliente, para garantizar la satisfacción de los clientes de Metro y recuperar su confianza (ODS 3 «Salud y Bienestar y ODS 16 «Ciudades y Comunidades sostenibles»).*

- *Promover la inclusión social a través del transporte, buscando en cada proyecto opciones para aportar más valor a la sociedad en la que operamos promoviendo la diversidad dentro y fuera de Metro (ODS 10 «Reducción de las desigualdades» y ODS 16 «Ciudades y comunidades sostenibles»).*

- *Impulso de la acción social, contribuyendo a la mejora de la calidad de vida y al progreso y bienestar de la comunidad en la que opera Metro (ODS 10 «Reducción de las desigualdades» y ODS 16 «Ciudades y comunidades sostenibles»).*

- *Disminución del impacto ambiental de la actividad de Metro, para ser eficientes e implantar soluciones que permitan reducir el impacto de la actividad de Metro sobre el entorno (ODS 9 «Innovación»; ODS 7 «Energía limpia»; ODS 13 «Acción por el clima» y ODS 16 «Ciudades y comunidades sostenibles»).*

Todos estos proyectos tienen algo en común: crean valor a largo plazo porque tienen un impacto social (mantienen o mejoran el bienestar de las personas —empleados o clientes—); un impacto ambiental, al garantizar el cuidado del entorno y protegerlo; y aportan rentabilidad desde el punto de vista social, ya que garantizan la viabilidad económica, manteniendo o mejorando la economía del entorno.

Mónica Mariscal Contreras

Responsable del Servicio de Responsabilidad Corporativa de
Metro de Madrid

22
¿QUÉ SOSTIENE A LA SOSTENIBILIDAD?

Hace sólo tres años, la única información relevante que interesaba de una empresa en España parecía ser la financiera; al menos era la única exigida. En respuesta a una directiva de la UE, en diciembre de 2018 se aprueba en España la ley 11/18, con la sorpresa incorporada de su inmediata entrada en vigor ese mismo año. Se trata de una ley que exige la elaboración del denominado «estado de información no financiera», y nace con la vocación de instar a las empresas a que ofrezcan, además de la información financiera, aquella otra que se refiere a cuestiones medioambientales y sociales relativas al personal, al respeto de los derechos humanos y a la lucha contra la corrupción y el soborno. Esto permite, entre otras cosas, conocer el nivel de ética y humanismo de las organizaciones. Más de 50.000 empresas están llamadas a presentar estos estados no financieros a partir del próximo año.

La intención de la UE es identificar riesgos para mejorar la sostenibilidad y aumentar la confianza de los inversores, los consumidores y la sociedad en general. Y no le falta razón, porque la confianza es la base sobre la que se construyen todas las relaciones, dentro y fuera de la empresa, aunque lamentablemente solo se aprecia cuando se pierde, como lo expresa la filósofa Annette Baier. Y es que la empresa no es solo un ente económico; también es un agente social, y de ahí su responsabilidad, pues como tal puede contribuir considerablemente al progreso y a la humanización, no solo de sus trabajadores sino del conjunto de la sociedad con la que está en continua relación. Generar confianza es generar valor; ni se impone, ni se consigue a golpe de clic: se logra a partir de muchos pequeños actos cargados de virtudes –lealtad, honestidad, fidelidad, y sobre todo coherencia y valentía para asumir las consecuencias de las acciones –. Así es como las organizaciones y las personas que las conforman generan confianza en su entorno. No es fácil, no; pero tampoco imposible. ¿Por qué cuesta tanto entonces?

Nadie cuestiona que la elaboración de la información no financiera supone para la empresa un esfuerzo, pero también y principalmente una oportunidad. El esfuerzo que en sí mismo supone el arte de recapitular información de diferentes departamentos, de datos a veces desconocidos –medidas de gases, emisión de partículas…–, es una información tácita que resulta desvelada, y la oportunidad para el autoconocimiento y la reflexión que, bien gestionados, se traducen en mejoras, también de los resultados económicos. Y todo esto es importante principalmente por el impacto que tiene en las personas y en la sociedad.

Todo parece girar hoy en torno a la sostenibilidad, una sostenibilidad orientada a proteger el entorno medioambiental, social y económico que permita el bienestar y progreso que merece la persona. Reconocer la dignidad de la persona es la piedra angular de esta construcción porque, de no ser así, la sostenibilidad no se sostiene. La dignidad de la persona viene a ser el punto de referencia para medir la moralidad de cualquier acción; no es una exigencia ética más, sino la condición que hace posible toda ética (Fernández, 2019). Así, la ética empresarial tiene sentido si se construye sobre el respeto a la dignidad de la persona. ¿Qué razón hay para hablar de derechos humanos si no reconocemos la dignidad del individuo?

Cooperar con la sostenibilidad es apostar por la humanización de las organizaciones, tal y como promueve la asociación *International Humanistic Management* (IHMA), protegiendo el valor inherente de las personas con el compromiso de proporcionar soluciones a los problemas sociales y ambientales, contribuyendo así al bienestar de todos. Cuando las organizaciones son capaces de reconocer la centralidad de la persona, poniendo su atención en su lado humano y sus necesidades, y además procuran conseguir que todos sus trabajadores tengan un objetivo común, desplazando los intereses particulares que les llevan al individualismo y la competitividad que este genera, la organización resulta ser más fuerte. Y esto, no solo por estar unida bajo el paraguas de aquel objetivo común que desplaza los intereses personales, sino porque además y primeramente ha sabido poner a la persona en el lugar destacado que dentro de la organización le corresponde, el *core*, que dicen los anglosajones.

Liderar reconociendo que cada situación es única y que cada persona –trabajador, cliente, proveedor…– también lo es, considerando la singularidad de cada realidad, requiere más de inteligencia interpersonal y espiritual que de inteligencia matemática-lógica, o cualquier otra de las categorías a las que se refiere Gardner (1967), por ser más un arte que una técnica. Se trata de traspasar la visión mecanicista de la persona y darle el reconocimiento que dentro de las organizaciones le corresponde por el mero hecho de ser persona.

En este sentido, el profesor Melé considera el *Humanistic managment* como aquella forma de dirigir las organizaciones en las que se pone el énfasis en la condición humana, priorizando el desarrollo de las virtudes humanas. Esto supone para las organizaciones un enorme desafío en los tiempos que corren. Hablamos de desafío porque la sostenibilidad corre el riesgo de confundirse con una norma a cumplir –hay que ser sostenible–, pero la norma no garantiza la ética. La auténtica sostenibilidad emana de principios y no de normas.

Su logro solo será posible en la medida en que estemos convencidos de sus bondades y no se contemple desde el prisma del código deontológico, sino desde la ética, pues esta nace del convencimiento de la virtud y es siempre de máximos; la norma que nos exige un comportamiento sostenible invita a un comportamiento de mínimos que en ocasiones desemboca en el *greenwashing* corporativo. Los principios orientados a la virtud sí son el verdadero sustento de la sostenibilidad. Y si además se combinan con una buena gestión, estaríamos en el escenario ideal.

Sin embargo, desde el complejo mundo empresarial en que financieros y directivos han de tomar difíciles decisiones, y más aún en estos tiempos convulsos, podemos caer en la tentación de pensar que no se puede abarcar más, que sobrevivir y crecer ya es bastante. Y no falta razón. Puede parecer que humanizar la empresa es otra tarea más, otro fuego que apagar. No se trata de eso: reconocer la dignidad de la persona y darle el lugar que le corresponde está en la esencia, en el origen de la propia actividad económica y empresarial.

Estos argumentos expuestos, que pueden sonar a música celestial difícil de interpretar cuando no queda espacio para más, deberían más bien concebirse como una oportunidad extraordinaria que tiene el líder de conseguir la armonía necesaria entre todos los instrumentos, combinando el equilibrio entre ellos, de manera que el considerar la centralidad de la persona en la organización como elemento vertebrador no desplace la esperada rentabilidad. Cuando una actuación ética concluye con beneficios, decía Aristóteles, se une lo justo con lo conveniente.

Ángela Callejón Gil, José Ramón Sánchez

Universidad de Málaga

23

LOS DERECHOS DE LAS MUJERES SON DERECHOS HUMANOS: ODS 5 SOBRE LA IGUALDAD DE GÉNERO Y ODS 4 Y EL ACCESO A UNA EDUCACIÓN DE CALIDAD

Pese a los avances que se habían alcanzado en materia de educación inclusiva y paritaria antes de la pandemia del Covid-19, las niñas son las primeras en padecer los efectos de marginación y segregación, lo que les impide gozar de su derecho a la educación, a ser tratadas como personas plenas, y por ende a gozar de una formación educativa tolerante, de calidad, que les garantice una justa inclusión social y una futura libertad económica. Estamos faltando al cumplimiento del artículo 26 de la Declaración Universal de Derechos Humanos (1948). Los derechos de las mujeres son derechos humanos, relacionando el ODS 5 sobre la igualdad de género con el ODS 4 y el acceso a una educación de calidad.

Las mujeres no solo son las más afectadas por esta pandemia, sino que también son la columna vertebral de la recuperación en las comunidades. Poner a las mujeres y las niñas en el centro de las economías dará lugar, fundamentalmente, a mejores resultados de desarrollo y más sostenibles para todos, apoyará una recuperación más rápida y encauzará al mundo para alcanzar los Objetivos de Desarrollo Sostenible.

De ahí la importancia de cumplir con el ODS 4, emparentado con el art. 26 de la DDHH porque, según datos de UNICEF (2020), casi 250 millones de estudiantes no están asistiendo al colegio en la actualidad y 617 millones de niños y adolescentes en todo el mundo no logran alcanzar el nivel mínimo de competencia en Lectura y Matemáticas. A su vez, además de la desigualdad de género, la brecha digital ha agudizado la situación: dos tercios de los niños en edad escolar no tienen acceso a Internet (UNICEF, 2020), como se deriva del informe *How Many Children and Youth*

Have Internet Access at Home? (¿Cuántos niños y jóvenes tienen acceso a Internet en el hogar?): «1.300 millones de niños de entre tres y diecisiete años no tienen conexión a Internet en sus hogares (…), y la falta de acceso es similar entre los jóvenes de quince a veinticuatro años, ya que 759 millones de jóvenes, o el 63 %, no disponen de conexión en el hogar».

Ahora bien, once millones de niñas (UNESCO, 2021) podrían no volver a clases debido a la interrupción que se generó en la pandemia Covid-19 con el cierre de las escuelas, y que trajo como consecuencia mayores abusos y degradaciones para las niñas y adolescentes: embarazos precoces, matrimonios forzados, violencia machista y abusos sexuales. Sin una educación paritaria que proteja a las niñas de los males sociales de la desigualdad de género, las inequidades existentes se seguirán reproduciendo, la pobreza creciendo y el atropello a la dignidad humana de las niñas se transformará en un hecho normalizado. Y eso no vamos a permitirlo. Como bien señala la UNESCO (2021) «Para muchas niñas, la escuela es más que una llave para un futuro mejor. Es un salvavidas».

A la educación inclusiva que se preocupa por el acceso justo a la educación de niñas y adolescentes, además de que los contenidos recibidos en clase no sean discriminatorios, se le denomina «educación con perspectiva de género», y específicamente trata de visibilizar y mitigar las desigualdades existentes entre niñas y niños al no poder tener posibilidades de una justa inclusión educativa, que es la que forma construir esa segunda naturaleza que somos, la social. No se trata de negar los derechos a los niños o de enfrentarlos entre sí; se trata de reconocer que estamos cometiendo una gravísima injusticia como sociedad al no permitir el acceso paritario a la educación porque niños y niñas son igualmente personas y se merecen edificar, paritariamente y con justicia, la segunda naturaleza que somos.

Nos inspiramos en el autor alemán Arnold Gehlen (1980) para explicar brevemente esa segunda naturaleza que somos, la sociocultural, la que se transmite a través de la educación, formal e informal, y que nos permite ser libres y decidir qué camino es el que debemos elegir –por mejor y éticamente deseable– para nuestra construcción integral como seres humanos. En este sentido, nuestra parte biológica, nuestra primera naturaleza, si bien es fundamental, es una escenografía mínima sobre la cual habremos de levantarnos como seres humanos en sociedad, puesto que necesariamente requerimos humanizarnos socialmente en las aulas, en la familia, comunidad y parroquia para poder desarrollar esa segunda naturaleza que somos.

Si la educación no transmite ni permite el acceso igualitario a las aulas para las niñas, lo anterior se traduce en marginación y discriminación de género, impidiendo a niñas y adolescentes la formación de la segunda naturaleza que somos en condiciones de paridad y justicia, lo que traerá consecuencias injustas que durarán toda la vida y que repercutirán en todo el ámbito social, económico y jurídico de nuestras sociedades, empezando por las consecuencias negativas emocionales y económicas en la vida de las propias niñas y adolescentes, futuras mujeres.

En esta dirección, somos seres biológicos y sociales, requerimos de lo social, construirnos una biografía (Fernández, 2020) para desarrollar plenamente nuestras potencialidades humanas, nuestros derechos humanos. En palabras de la profesora Adela Cortina (1992):

«El hombre es el ser que, por naturaleza, se ve obligado a adquirir una segunda naturaleza. (...). Mientras al animal le está dado el ajustamiento, el hombre tiene que hacerlo, tiene que justificar sus actos: este primer sentido de 'justicia' es ineludible para el hombre». (p. 62)

Así, pues, nuestra primera naturaleza es insuficiente (por frágiles, vulnerables y dependientes, biológicamente hablando) para poder sobrevivir y crecer, y alcanzar una existencia plena, y es por ello que la racionalidad y nuestro ser social, es decir, nuestra segunda naturaleza, nuestra biografía, es igualmente constitutiva de nuestra «esencia» tornándose en primordial. Velar por la dignidad humana supone que nuestras necesidades como seres biológicos y sociales estén cubiertas y que no padezcamos socialmente marginación, discriminación ni exclusión social.

En un principio, las necesidades biológicas y sociales a satisfacer están enmarcadas en la Declaración Universal de los Derechos Humanos (1948). Los 17 Objetivos de Desarrollo Sostenibles son el empeño en velar por la dignidad humana de forma concreta, es decir, construyendo un mundo educativamente responsable, que otorgue un acceso a la educación de calidad para todos y que no se someta a millones de personas vulnerables, entre ellas a las más necesitadas de protección como lo son las niñas, adolescentes y mujeres de escasos recursos, zonas rurales, marginadas socialmente, a la supervivencia.

Dicha existencia plena se alcanza solo cuando todos tenemos acceso a la educación, y que dentro de las aulas, todos seamos tratados como justicia: niñas, niños, adolescentes, mujeres y hombres tratados con igual respeto, honestidad, solidaridad y compañerismo porque todos somos personas igualmente racionales con dignidad humana, merecedoras de estima, respeto y de un trato justo, paritario, no discriminatorio por pertenencia a determinada etnia, convicción religiosa, estratificación social u orientación sexual.

Y ya para finalizar nuestras reflexiones en torno al derecho a la educación y su relación con la igualdad de género, valga puntualizar que lo anterior también nos lo enseñaron los griegos: las virtudes que se transmiten en el aula construyen y son la base de la ciudad —insistiríamos nosotros, tanto de la antigua *città* como de las actuales democracias liberales—. Esto quiere decir que la reflexión ética a la que estamos llamados con los ODS es siempre una reflexión ético-política porque se trata de la ciudad y de los individuos que anhelamos construir en sociedad. Lo anterior es así porque para que las instituciones que están al servicio del bien común funcionen y sean justas, los individuos concretos que habitan en ellas también deben de serlo, y la educación con perspectiva de género tiene allí una gran labor a realizar y por eso debemos impulsarla. El *agathos* y la *areté* (Camps, 1988) se corroboran en lo concreto al elegir en situaciones precisas lo bueno, lo justo, lo correcto, velando que en nuestras elecciones se incluya y defienda a los más vulnerables que, en el caso particular que desarrollamos en esta entrega, son las niñas, adolescentes y mujeres que merecen consideración, estima y respeto como seres humanos que son y, por ende, un acceso igualitario a la educación con una perspectiva de género que las favorezca tanto a ellas como a toda la sociedad. Se trata de que superemos la aporofobia (Cortina, 2017) o rechazo al pobre que tiene rostro de mujer.

María Fernanda Guevara

Profesora-investigadora en ESIC University

24

LOS ODS SON NECESARIOS PERO NO SUFICIENTES

Todo el mundo que me conoce me llama «optimista» y «positivo», y voy a intentar serlo también a la hora de redactar estas líneas, por lo que ruego al lector que, a pesar de lo serio de algunos de los contenidos aquí descritos, me acompañe hasta los últimos párrafos. Llevo algún tiempo preguntándome sobre el grado de cumplimiento, utilidad, necesidad, realidad, contundencia, oquedades, fortalezas, debilidades, diferencias, relieves y otros puntos de vista sobre los archimencionados ODS: Objetivos de Desarrollo Sostenible. El término «sostenibilidad» lo dejaremos para otra ocasión, porque también ya ha recibido mucha atención y foco, y es cuestión que está en el candelero, día sí, y día también. Mi reflexión va más por los otros dos integrantes del nombre: «desarrollo» y «objetivos».

Comencemos por este último, que, aunque revestido de carácter estratégico, es un término propiamente instrumental, esto es, se establecen unos objetivos para conseguir algo. Claro está que dicho instrumento debe estar correctamente definido. Suele decirse que para que un objetivo esté bien definido debe ser específico, medible, alcanzable, relevante y comprender un periodo temporal determinado. En mi opinión los ODS suspenden de acuerdo con esta definición.

Nadie puede cuestionar que los ODS son «relevantes», aunque pequen a la hora de alinearse con las diferentes estrategias-país (este es otro término que merecería su propio texto): pongámosle un notable en relevancia. A pesar de que los ODS son tal vez demasiado generales, incluso en su desglose en metas, y sujetos a diversas interpretaciones, creo que en la característica de «específicos» sacarían un aprobado. La cosa se complica más cuando evaluamos los tres elementos restantes. «Alcanzables» es claramente un suspenso, no por ser pesimistas, sino más bien realistas, y para no tener que inventar justificaciones o explicaciones cuando no se llegue a los objetivos. Los ODS son «deseables», pero lamentablemente, en el conjunto de sus características, no alcanzables (al menos, no en su totalidad). Otra de las características que no alcanza el aprobado es la del marco «temporal». Si bien es cierto que abarcan el periodo 2015-2030, deberían haber contemplado un desglose temporal de avance, porque de lo contrario, de nuevo, se convertirán en algo «a hacer», y luego (ahora) vienen las prisas. El marco temporal, por tanto, no está bien definido.

Pero sin duda, la peor calificación se la lleva el apartado de «medibles». Parece asombroso que en una etapa en la que estamos «monitorizados» las 24 horas del día (al menos como consumidores de productos y servicios), sea tan complicado recopilar datos con referencia a los ODS. Existen grandes vacíos de información en todos los ámbitos de los ODS. En muchos objetivos, la mayoría de los países no cuentan con datos comparables a nivel internacional. Por ejemplo, en el caso del Objetivo 13 (Acción por el clima), solo uno de cada seis países dispone de datos. La falta de datos a nivel país afecta también de manera significativa a los Objetivos 5 (Igualdad de género), 11 (Ciudades y comunidades sostenibles), 12 (Producción y consumo sostenibles) y 16 (Paz, justicia e instituciones sólidas). Además, el marco de indicadores de los ODS se ha revisado en el año 2020, por lo que se hace aún más difícil valorar el progreso. Así, la última información disponible para los indicadores de cambio climático (Objetivo 13) es del año 2015, y el último año disponible para datos sobre la pobreza (Objetivo 1) y la educación (Objetivo 4) corresponde al 2016. Suspenso claro: indicadores mal definidos, falta de capacidad real de medición y datos claramente desactualizados (imagínense dejarse guiar por un GPS con estas características).

Volvamos la vista ahora al otro gran propósito de los ODS: el desarrollo. Según la RAE, en relación con una comunidad, desarrollar es «progresar o crecer, especialmente en el ámbito económico, social o cultural». Parece que en este apartado tampoco vamos demasiado bien. Según el informe de los ODS 2021, y seguro que, en parte por el efecto de la pandemia, la tasa de pobreza mundial ha aumentado y en torno a 120 millones de personas se encuentran en situación de pobreza extrema en 2020. En el apartado de educación, unos 100 millones de niños se encuentran por debajo del nivel mínimo de competencia en lectura. En cuanto al trabajo, la crisis ha amenazado el sustento de 1.600 millones de trabajadores de la economía informal. Con relación al medioambiente, a pesar de la desaceleración económica mundial, las concentraciones de los principales gases de efecto invernadero han continuado aumentando y el aumento de temperatura global media es ya de 1,2 grados Celsius.

En todo caso, los países en vías de desarrollo, es decir, aquellos que tendrían que desarrollarse más, se han llevado la peor parte: aumento significativo de la deuda, disminución drástica de la inversión extranjera directa, caída del turismo y el comercio. A todo esto, la falta de datos e indicadores fiables es mucho mayor en los países en desarrollo, por lo que todas estas cifras son solo «mejores» estimaciones.

Párrafo aparte merecen las desigualdades en la distribución de las vacunas: frente a las sesenta y ocho vacunas por cada 100 personas suministradas en Europa y América del Norte (junio 2021), apenas llegan a dos en el África subsahariana (treinta y cuatro veces menos).

Hasta aquí la «foto» de la situación. «Pues vaya, ¡cómo está el panorama!» pensarán muchos de Vds., y con razón. En todo caso, ahora vamos a intentar hacer una reflexión constructiva de todo ello. Los ODS son algo más que una declaración de intenciones; establecen unas metas, guías que hay que afinar y definir mejor, y creo que podemos extraer varios aprendizajes:

Es difícil establecer unos objetivos generales para 193 países diferentes con prioridades distintas y grandes diferencias en sus capacidades reales (como diría Amartya Sen). Se requiere una mayor exigencia a nivel nacional para matizar, aterrizar y concretar dichos objetivos, así como para recabar información acerca de su avance y cumplimiento.

Los indicadores definidos para dar seguimiento a los ODS son incompletos y los mecanismos de seguimiento carecen de la concreción suficiente para que resulten útiles. Debemos ser capaces de especificar indicadores históricos (basados en resultados concretos) y avanzados (basados en aspectos que condicionan a futuro los resultados históricos), combinándolos y dotándolos de la «granularidad» necesaria: por ejemplo, en caso de no alcanzar un resultado, dónde está el problema, para poder definir planes de acción o campañas mucho más efectivas.

La estrategia de comunicación debe ser más transparente y eficaz, no solo en el traslado de los objetivos, sino sobre todo en el grado de cumplimiento y acciones o campañas necesarias (claro, toda vez que los dos puntos anteriores se hayan puesto en marcha; en caso contrario, mejor no comunicar nada; «si no puedes convencerlos, confúndelos».

En resumen, los ODS son necesarios (con muchos matices, mejoras, redefiniciones y concreciones), pero no suficientes. Los ODS no van a remplazar la estrategia-país, la estrategia-empresa ni el buen criterio (mucho más que necesario y exigible) de los y dirigentes.

Javier Camacho Ibáñez

Socio-Director de Sostenibilidad Ética. Docente e Investigador en la Universidad Pontificia Comillas

25

UNA ÉTICA COSMOPOLITA PARA GENERAR UNA RENOVADA CULTURA CORPORATIVA

Un diagnóstico afinado del contexto mundial y los retos que hay que acometer en diversos sentidos lo formula Raimon Panikkar, quien dice: «Hoy el problema no es ecológico, económico o político —aunque lo es también—. Es una crisis mucho más profunda que no puede resolverse con nuevas tecnologías y medidas, por más importantes que sean. Para afrontarla necesitamos calma (es decir, serenidad), empatía (es decir, esfuerzo), distancia (es decir, interculturalidad), contemplación (es decir, síntesis de teoría y práctica). Solo una metamorfosis puede salvarnos [...]. Falta una nueva visión global de la realidad que no desestime ninguna de sus dimensiones» (Panikkar: 2021, p. 37).

Consideramos que Panikkar asigna dos tareas: 1) Un cambio de «paradigma ontológico». Al respecto, el filósofo François Vallaeys sostiene que hoy se hace insostenible el paradigma del individualismo posesivo que se fomentó en la modernidad, cuyo fracaso evidenció la pandemia. Por tanto se ha de pasar a un paradigma de lo comunitario, cooperativo, colectivo, cultivar el carácter «relacional» de religación humana con los otros, como expresa Edgar Morin (2006). 2) Tener una visión sistemática para comprender la complejidad de la realidad cuyos elementos centrales son la sociedad, la empresa, y la ética.

Se puede comprender la complejidad del mundo y los retos que nos impone hoy desde una teoría sistémica que proporcione claves cosmopolitas para poder interpretar el mundo y generar un impacto positivo que haga posible la comprensión de «todos» los elementos del ecosistema y del impacto que se establece entre ellos cuando interactúan. Comprender su interconexión e interdependencia nos hará conscientes de la envergadura del problema y de la posibilidad de trabajar por «retos comunes» y lograr mejores resultados.

Hay una forma de comprender el mundo bajo el paradigma del orden cosmopolita, que tiene diversos ámbitos de realización. El orden cosmopolita caracteriza a una «sociedad civil universal» como principio regulativo, es decir, el hombre siente la necesidad de ser miembro de una sociedad civil, cuyo fundamento es «ético». Kant lo expresa así: «Todo género de seres racionales está destinado […] a un fin comunitario, a saber, a la promoción del bien supremo como un bien comunitario».

Höffe señala que si tenemos en cuenta un horizonte de compresión amplio del cosmopolitismo kantiano –dice– «en una perspectivas de 360°» (Höffe: 2009), comprenderemos que el cosmopolitismo moral es el más relevante, pues está en la base del proyecto mismo. Es un cosmopolitismo humanista; he ahí la importancia radical de una ética cosmopolita, en vistas a lograr en el siglo XXI una comunidad humana cosmopolita global cuya virtud sea respetar y promover el valor de la vida, la autonomía que se funda en la dignidad del ser humano, la libertad y el bien común.

El cosmopolitismo es una teoría que postula que todos los seres humanos, con independencia de su raza, sexo, religión, capacidades, posesiones o nacionalidad, forman parte de una misma comunidad. La pertenencia a esta comunidad humana implica que compartimos una moralidad (cosmopolitismo ético), y extiende el campo de nuestras obligaciones más allá del ámbito de la familia, el pueblo o la patria. No niega el contexto histórico, pero argumenta que pueden ocultar lo que todas las personas tienen en común y establece una dinámica entre lo local y lo global, como afirma David Held (Cosmopolitismo: 2012).

Held señala la globalización como la descripción de procesos de interacción transnacionales. En cambio, el cosmopolitismo «no» es una descripción de la realidad sino una teoría «sobre lo que debe de suceder» para un «futuro mejor». Por tanto tiene una impronta ética: sobre lo que debe de ser. El cosmopolitismo se constituye en un «ideal regulativo» para «orientar» la política, la economía, la educación.

La ética cosmopolita cuenta con elementos que hacen posible postular una fundamentación teórica filosófica con vocación humanista. Caffarena señala que se trata de una ética de impronta kantiana cuyo centro es la humanidad que habita en el sujeto, entendida como comunidad universal. El valor supremo de la persona se expresa en la dignidad de sí mismo y de los otros, que promueve a través de la convivencia intersubjetiva moral.

En tal sentido, consideramos que hoy es preciso revisar las definiciones y resignificar las nociones de ética, sostenibilidad, empresa, que ya «no» son viables. En concreto, en relación a la ética es necesario actualizar la comprensión y propuesta de una ética universalizable, pues la ética «no» es una filosofía desfasada, ni una simple receta. En último término la ética es una filosofía de vida, un acto de corresponsabilidad; por eso es preciso un tránsito de la «moral a la ética universalizable cosmopolita».

Hoy es preciso definir claramente la «opción ética en las organizaciones»: significa enseñar la importancia de los esfuerzos de universalización de comportamientos éticos como progreso de la humanidad hacia una mayor justicia, equidad y sostenibilidad.

Se precisa de una ética universalizable cosmopolita que transforme el individualismo en cooperativismo, mutualidad, una forma de relacionalidad más humana.

Tal como señala el Objetivo 17 de los ODS, que insta «alinear» a organizaciones y a la ciudadanía en general hacia acciones conjuntas, una ética cosmopolita puede contribuir a generar un proceso de concienciación global encaminado a lograr corporaciones y sociedades cosmopolitas sobre principios compartidos de mayor justicia y bien común, fomentar un ecosistema de innovación abierto y colaborativo para avanzar en la gestión de la ética en las organizaciones, alineando esfuerzos, bajo el paradigma de una ética cosmopolita que responde a los retos del siglo XXI.

Al respecto, Jesús Conill considera que la caracterización del «cosmopolitismo» explicita el «horizonte» de la ética kantiana; se trata de un horizonte mundial. A su entender, actualmente el carácter «cosmopolita» de la ética es un «modo» de entender y enfocar la actual globalización en sentido «ético», «social», político, «económico» y «educativo», desde el pensamiento kantiano. La viabilidad y la ejecutabilidad del proyecto cosmopolita se ha ido concretando a lo largo de la historia con la frase: «De lo que es, a lo que debe de ser».

Por tanto, el cosmopolitismo es un ideal realizable –señala Cortina–, pese a las sonrisas escépticas sobre las posibilidades de construir una cosmópolis, «una ciudad de la Tierra en que ningún ser humano esté excluido. A ella se encaminan organismos internacionales, cívicos, políticos, jurídicos y económicos, que van asentando día a día los cimientos de la ciudad común. Una ciudad en el que todos ejerzan una ciudadanía». (http://www.redrentabasica.org/rb/rrbantigua_118/)

El proyecto cosmopolita en las organizaciones internacionales ha logrado una realización significativa. En tal sentido, no hablamos de una quimera irrealizable. Para muestra, dos personas que han contribuido a ejecutar el ideal: Kofi Annan y John Ruggie; ambos marcaron un hito en la historia.

Obtuvieron la aprobación de la Asamblea General para los Objetivos de Desarrollo del Milenio y contribuyeron a la renovación institucional de la ONU, por el que Annan y las Naciones Unidas en su conjunto recibieron el Premio Nobel de la Paz en 2001, por «darle nueva vida a la organización».

Ruggie marcó un hito con los principios rectores, propuso una hoja de ruta para introducir en el escenario global de las empresas los Derechos Humanos. En la dedicatoria de su libro hay un destinatario cosmopolita, dice así: «Dedicado a Kofi A. Annan, hijo de Ghana, ciudadano del mundo» (Ruggie, 2013).

Ello contribuye a generar una esfera pública global que refuerza el sentimiento de pertenencia a una comunidad planetaria, en la línea de aquel espacio público en el que Kant entendía que todas las personas pueden ejercer el derecho de intervención y réplica como un «derecho de la humanidad». Así se constituyen en pilares de una sociedad cosmopolita, que requieren una tarea multilateral desde la sociedad civil, los Estados, las empresas, las instituciones políticas internacionales.

Santiago Muñoz señala que el cosmopolitismo se nos presenta como un «edificio en construcción a través de instituciones democráticas y justas», un proyecto que quiere hacer frente a los problemas globales con soluciones globales y en cuyo triunfo se cifra la pervivencia de la humanidad (Muñoz: 2016).

Basándose en Kant, Adela Cortina, en su libro *Ética cosmopolita*, señala que la razón crítica exige emprender «la vía cosmopolita» por las siguientes razones: 1) Para que todas las personas tengan voz. 2) Atendiendo a las dos esferas de la justicia, la civil-política y la socioeconómica (Cortina: 2021), se puede promover una cultura de ciudadanía global cosmopolita entendida como una filosofía de vida en varios niveles: personal, social y comunitario, mundial planetario.

Este orden cosmopolita no es una utopía, sino una idea regulativa, que constituye una orientación para la acción y un criterio para la crítica de la situación actual, un marco que permite articular distintos proyectos.

Para Höffe se trata de llevar adelante «la democratización de la moral» que inicia Kant: «Todos los seres humanos, al margen de su posición social, grado de instrucción, son iguales en su conciencia moral» y cuentan con la misma capacidad para intervenir en el juicio de lo bueno y lo malo, porque participan de idéntica racionalidad pura práctica.

En tal sentido, uno de los objetivos principales de la sociedad cosmopolita consiste en empoderar a los seres humanos a través del desarrollo personal, comunitario, local frente a la agresión, en detrimento de sus derechos, por parte de los Gobiernos. Así «la humanidad está más protegida cuanto más desarrollada» (ONU, Programa para el Desarrollo Responsable).

Diana Loyola Chávez

Doctora en Ciencias Humanas y Sociales. Docente en la Facultad de Ciencias Humanas y Sociales en la Universidad Pontificia Comillas de Madrid

26

NUEVOS ACTORES PARA EL SUMINISTRO ELÉCTRICO DEL FUTURO Y ACCESO UNIVERSAL A LA ENERGÍA EN LA BASE DE LA PIRÁMIDE

Dos características de nuestras sociedades globales son la complejidad y la interdependencia, que se acentúan en el mundo en desarrollo, especialmente en las poblaciones rurales y aisladas, y con mayor inseguridad o vulnerabilidad (económica, social, climática, política…) donde un modelo de servicio eléctrico sostenible necesita tomar en cuenta una multiplicidad de factores desde una perspectiva innovadora, no solo en tecnología, sino también en productos y procesos. La toma de decisiones informada por parte de los distintos actores que interactúan en medio de esta complejidad es clave para superar los grandes retos globales, como es el acceso a una energía sostenible y asequible para todos (ODS 7) ejemplificado en la Figura 1.

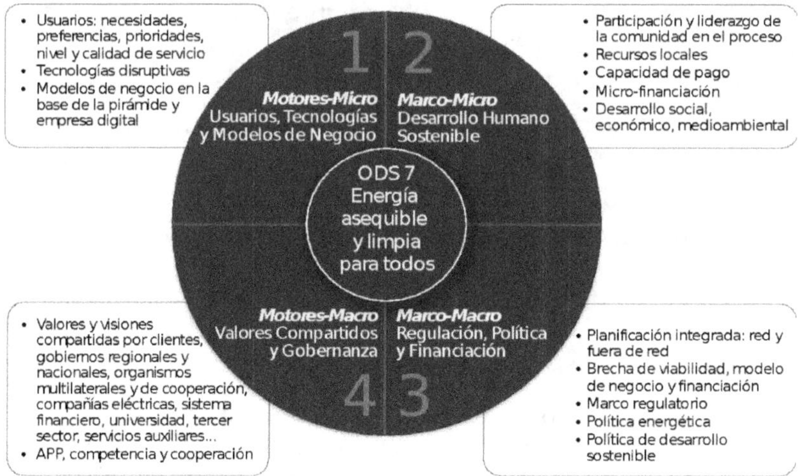

Figura 1: Motores y marcos vs. factores micro-específicos y macro-sistémicos necesarios para el logro del ODS 7[20].

20 Adaptado de González García, A. y Pérez Arriaga, I. «Sistemas integrados de suministro eléctrico aislado y conectado a la red: innovación y gobernanza organizativa para el acceso universal». Revista de Economía Industrial [en línea]. 2018, nº 408, pp. 101-112.

Si nos ponemos en la perspectiva de un Gobierno, este necesita incorporar en el análisis de cómo dar acceso un servicio adecuado en cantidad y calidad para cada usuario (pilar 1) según sus necesidades, preferencias o prioridades, el detalle de alternativas tecnológicos (especialmente aquellas más eficientes y disruptivas, muchas veces fruto del proceso innovador global y local).

La existencia de modelos de negocio, impulsados por la revolución digital, para la población más desfavorecida (la base de la pirámide) también es en muchos casos fruto del propio dinamismo de estas sociedades (la penetración de los pagos por móvil fue mucho más rápida en Kenia que en muchos países «desarrollados», a pesar de tener que superar elevados índices de analfabetismo y muy bajas tasas de penetración del sistema financiero[21]).

Toda esta revolución en el acceso a bienes y servicios esenciales (medios de ingresos, comida, salud, educación, agua y saneamiento, energía…), así como para proporcionar unas condiciones esenciales para el empleo, la sostenibilidad de las comunidades, la igualdad de género, un medio ambiente sano, paz y seguridad… se resumen en los 17 Objetivos de Desarrollo Sostenible.

En consecuencia, dicho acceso pasa primero por entender cómo los procesos de desarrollo (pilar 2) se encarnan en cada comunidad local, requieren de su participación, utilizan y optimizan sus recursos, adecuándose a su capacidad económica o de pago y proporcionando servicios esenciales como la microfinanciación. En resumen, atienden a la multidimensionalidad del desarrollo que propugnó Amartya Sen en el trabajo que la llevó a ganar el Premio Nobel de Economía en 1998[22].

---

21 Ver la introducción de David Cracknell https://www.linkedin.com/pulse/m-pesa-case-study-david-cracknell/ y el artículo completo de Njuguna Ndung'u, en su perspectiva como regulador, en: https://aercafrica.org/latest-news/a-digital-financial-services-revolution-in-kenya-the-m-pesa-case-study/

22 Sobre cómo ser un «ciudadano del mundo» desde la perspectiva de Sen (que es heredera, como él mismo dice, del pensamiento de Rabindanaz Tagore en cuya escuela nació), ver el libro *Home in the World* y la entrevista a propósito su lanzamiento en: https://www.ft.com/content/2a4096b4-4fef-4d6e-bd14-e30cff8426e1

Desentrañar esta complejidad entre lo macro y lo micro, lo global y lo local, necesita de herramientas, metodologías y análisis que permitan (pilar 3) una planificación de las actuaciones a gran escala. En ellas se deben establecer unos niveles mínimos de acceso a toda la población y a mínimo coste, con diferentes modos de electrificación, en red y fuera de la red (modelos descentralizados distintos del enfoque tradicional de extensión de red). Es un requisito *sine qua non* para que dichas entidades empiecen a promover este proceso, con deuda concesional, ayudas a fondo perdido e inversión privada, que permitan acelerar este proceso. El porfolio de proyectos de este plan se traduce en un modelo de negocio y financiero sostenible y fiable, que permite la financiación y la atracción de inversión privada, incluso cuando la existencia de una brecha de viabilidad haga necesarios (como es casi inevitable en la electrificación de zonas rurales aisladas también en los países desarrollados, a pesar de las nuevas tecnologías) de subsidios explícitos o implícitos (cruzados) al sector eléctrico. Todo ello se enmarca en un diseño regulatorio adecuado para los países en desarrollo, que establezca claramente los derechos y obligaciones de los diferentes actores, permitiendo el logro de los objetivos de política y a la postre en su conjunto de desarrollo en todas sus dimensiones.

Sin embargo, estos tres pilares anteriores, los motores de cambio (1), el marco local de desarrollo (2) y el marco general regulatorio, político y financiero (3), resultan inútiles totalmente en ausencia del cuarto pilar, que son los actores/motores de cambio (4). Articular la toma de decisiones de clientes, Gobiernos, compañías, Tercer sector, instituciones financieras y organismos multilaterales (como el Banco Mundial, Banco Interamericano de Desarrollo y otras agencias), entre otros, necesita de conciliar culturas, valores y visiones compartidas[23], articulándolos en torno a un objetivo común. Y es aquí donde reside el mayor reto a la hora de alcanzar el ODS-7.

---

23 Ver la charla TED de Michael Porter sobre «¿Por qué las empresas pueden resolver problemas sociales?»: https://www.ted.com/talks/michael_porter_the_case_for_letting_business_solve_social_problems/transcript?language=es

La implicación de actores de electrificación, entidades de desarrollo, financiación pública e inversión privada, se ha engranar completamente en torno a esa visión y objetivo común. Aunque no es fácil en la práctica, pues requiere en primer lugar un liderazgo claro por parte del Gobierno, que establezca la planificación, regulación y marco de política energética y financiera adecuados para la articulación de los actores. El rol del Gobierno es crítico además por varios motivos. El primero de ellos es que tendrá que poder conceder la garantía soberana a la deuda concesional otorgada por entidades de desarrollo, sin la que el plan no puede hacer frente a toda la inversión en el tiempo previsto y conseguir una estabilidad económica en el largo plazo.

Santos Díaz Pastor, Clara Pérez-Andújar y Andrés González García

Waya Energy

27

LA DIGNIDAD HUMANA Y EL UNIVERSALISMO ÉTICO QUE SOSTIENEN A LOS ODS

La humanidad ha distinguido siempre entre el bien y el mal. En los poemas homéricos, el mejor es el héroe, carácter ejemplar por su valor o valentía, la virtud primera y más importante, y que no ha dejado de serlo, aunque su significado haya cambiado. Si bien hoy se aprecia el coraje como valor moral, no es el coraje del guerrero, sino el de la persona que se atreve a actuar en circunstancias difíciles y que no duda en responder de sus actos. (Camps, 2017, p. 11)

Los 17 Objetivos de Desarrollo Sostenible (ODS) y la Agenda 2030 son nuestra ruta de acción para alcanzar un mundo más sostenible y responsable. Su fundamento último descansa en la Declaración Universal de Derechos Humanos (1948) y en la propuesta ética universal que le subyace y que afirma que todos los hombres y mujeres, niñas niños y adolescentes somos igualmente racionales; por ende, iguales en dignidad y derechos, merecemos, entonces, estima, respeto y consideración por todas las personas e instituciones que conforman el *corpus* social. Precisamente por lo esgrimido, no podemos ser discriminados, excluidos, acosados ni marginados —en ninguna circunstancia— por nuestro color de piel, sexo, género, creencias religiosas, nacionalidad, ideas políticas, o por cualquier otra extravagancia criminal e injusta que se le ocurra al violador de derechos humanos de turno.

En el año 2015, 193 jefes de Estado y de Gobierno se comprometieron a luchar en pro de los derechos humanos, por un mundo más justo, inclusivo, respetuoso de la dignidad humana, que tuviera como centro – efectivamente— a la persona humana como un fin en sí mismo, velando por los más vulnerables y por el mundo que dejaremos a las generaciones futuras. La sostenibilidad alude entonces a promover un mundo más justo donde, gracias al trato respetuoso que nos dispensamos entre nosotros, al planeta como casa común ,y a los recursos, tendremos mayores posibilidades de disminuir las desigualdades existentes, incluir socialmente a los más desfavorecidos y palpar *de facto* las aspiraciones enmarcadas en la Declaración Universal de los Derechos Humanos (1948).

En este sentido, los 17 ODS y la Agenda 2030 pretenden que la defensa de la dignidad humana de las personas, del planeta y de los recursos sean nuestra prioridad ante la hostilidad del mundo que hemos construido, un mundo carente de igualdad de oportunidades para millones de personas y en donde muchos se consideran con derecho de atropellar, porque quieren y pueden, al más débil, al más vulnerable, como por ejemplo a los niños y niñas víctimas de trata y de malos tratos psicológicos, a los ancianos sin recursos, a las mujeres que padecen la violencia de género, y así sucesivamente, lamentablemente.

En esta dirección, la dignidad humana, como principio ético universalista que sostiene a los ODS es inherente a nuestra condición humana por ser personas, ni se vende ni se compra, no es transferible y no se pierde jamás; más bien debemos luchar porque esta sea respetada y no aceptar ningún ultraje por parte de los poderes negadores de lo humano o por las posibles situaciones límites deshumanizantes de extrema de vulnerabilidad que podemos padecer como seres humanos durante nuestra existencia, como las que se revelaron para millones de personas en el mundo durante la crisis de la pandemia del Covid-19. Recordemos que para los más desposeídos se exacerbaron sus necesidades y valga puntualizar que las crisis no eximen del cumplimiento del universalismo ético que defiende la dignidad humana bajo toda circunstancia, sin excepción alguna; más bien nos llama a luchar con mayor entereza, coraje y *areté*.

Para especificar aún más, el universalismo ético nos compromete como humanidad con los ODS, actuando en el respeto de los Derechos Humanos de todos los seres humanos y, más aún, de los más vulnerables. Implica, coloquialmente hablando, aplicar la regla de oro: no le hagas al otro lo que no te gustaría que te hicieran a ti o, formulada en positivo, trata al otro como te gustaría que te trataran a ti o a los tuyos. Sin embargo, el universalismo ético va más allá de la regla de oro, pero la incluye, solo que se trata de una formulación más formal en términos filosóficos.

El universalismo ético que hemos expuesto con la definición de la dignidad humana tiene una importancia radical para que los Objetivos de Desarrollo Sostenible y los derechos humanos sobre los cuales descansan tengan posibilidades reales de ser encarnados de facto por todos nosotros y en todos los aspectos de nuestra vida. Esto es así para que los ODS no corran el peligro de ser tan solo una «operación maquillaje» que «embellece palabras», pero que no «ennoblece acciones» que, a fin de cuentas, de eso es de lo que se trata al comprometernos con los ODS y la dignidad humana: de lograr paso a paso un mundo más justo, humano, solidario y hospitalario porque nos hemos comprometido y empeñado en esa dirección con la formulación de los 17 Objetivos de Desarrollo Sostenible y la Agenda 2030.

Dicho de otro modo, y tal como estamos considerando en la actualidad, la ética cívica contemporánea basada en el universalismo ético de la dignidad humana vela entonces por la condición humana, por los Derechos Humanos, por aquello que nos humaniza y fortalece como seres humanos en sociedad más allá de la cultura o grupo social al que pertenezcamos y pretende, a su vez, como Homero (aunque los poemas homéricos no son *stricto sensu* una reflexión ética filosófica, pero sí se perfilaba en ellos y sus héroes la distinción entre el bien y el mal), trazar una línea entre lo deseable y aquello que no lo es, entre aquello que nos hace ser seres más excelsos y honorables de aquello que nos disminuye, entre aquello que nos dignifica y engrandece como personas y aquello que nos envilece y deshumaniza, como lo es la sistemática violación de los Derechos Humanos de los más vulnerables.

Reflexionar sobre la dignidad humana como fundamento de los ODS dentro del marco del universalismo ético que hemos desarrollado en este escrito es también discurrir sobre qué tipo de persona, individuo o sujeto queremos ser en nuestras *praxis* cotidiana y, a su vez, qué tipo de sociedad, comunidad o Estado queremos edificar con los valores, principios y actitudes que reflexivamente apoyamos con nuestras acciones y con los proyectos que promovemos, no solo políticamente, sino en todos los ámbitos y esferas configuradoras del *ethos* social. (Véanse, justamente, los ámbitos familiares y profesionales, principalmente).

Los invitamos a seguir reflexionando sobre el alcance de los Objetivos de Desarrollo Sostenible, los Derechos Humanos y el universalismo ético que los sostienen y promueven, a su vez, sobre el reconocimiento paritario y recíproco que merecemos de la dignidad humana entre todos los seres que conformamos la familia humana y, por lo tanto, de la necesidad de cultivar desde el aula valores como la solidaridad, el compañerismo, la compasión, la hospitalidad y la acogida (Ares, 2020) que son fundamentales para que la inclusión social de los más vulnerables sea efectivamente nuestro ideal regulativo hecho acción, en cada decisión y proyecto, tanto empresarial como social.

Concluimos que solo así, desde el universalismo ético que defiende la dignidad humana desde la Declaración Universal de los Derechos Humanos (1948), podremos seguir personificando con convicción los Objetivos de Desarrollo Sostenible, favoreciendo de este modo la transformación de nuestro mundo desgastado, injusto con los más débiles y con inmensas desigualdades entre unos y otros, y que somete a verdaderos actos de crueldad a aquellos que no pueden defenderse porque como sociedad no les hemos dado posibilidades. En fin, hemos buscado, al discurrir sobre el universalismo ético, favorecer con nuestras reflexiones el modelo de sostenibilidad de los ODS que defiende la dignidad humana y que nos garantiza cuidar, proteger, empoderar y reparar los Derechos Humanos de los más vulnerables y no dejar así a nadie atrás.

María Fernanda Guevara

Profesora-investigadora en ESIC University

28

ALIPORI

«Por la boca muere el pez» es una sabia expresión popular que sentencia el resultado de una imprudencia, generalmente cometida por una persona indiscreta o por quien habla más de lo necesario o no sabe guardar debidamente una información y, en consecuencia, sufre las consecuencias de su desliz. Es un refrán cargado de enseñanzas y de simbolismo que no se refiere a lo que llamamos posverdad, sino a las personas que desbarran como consecuencia de sus excesos verbales o de, como ahora se dice, filtraciones, interesadas o no.

Leo en el periódico que el mandamás de una de las grandes consultoras mundiales, y en referencia a la sostenibilidad, ha dicho algunas cosas obvias y otras interesantes que merecen algún comentario: por ejemplo, que el capitalismo responsable no es marketing ni *postureo*, «es una tendencia clara a largo plazo que ha venido para quedarse», y se quedó tan fresco tras pronunciar esas manidas palabras. A continuación (por la boca muere el pez), el susodicho líder, con referencia también a la sostenibilidad, remacha diciendo que, aunque no creas en ello, cuando te lo está demandando un inversor, los profesionales y los clientes, es que no puedes no hacerlo. El asunto es que, cuando dice el interfecto que «aunque no creas en ello», no sabemos a quién se está refiriendo, si a los distinguidos clientes a los que asesoran o a la propia consultora, lo que sería muy grave porque si unos profesionales tan cualificados e importantes —y que cobran tan suculentas minutas— no creen en la materia que asesoran mal vamos. Antonio Muñoz Molina ha escrito («Volver a dónde», 2021) que «España no ha dejado de ser nunca un país hostil al conocimiento. Cualquier forma de conocimiento serio, de estudio, de rigor intelectual en el aprendizaje, ha sido desacreditada como una antigualla digna de sarcasmo». Y tengo la impresión de que, cuando tratamos de estos temas, tan necesarios como actuales (Sostenibilidad, Responsabilidad Social, ESC), todos hablan pero pocos creen y muchos menos practican. Volvemos a la eterna dicotomía decir/hacer; mejor, al decir y presumir de lo que no se hace, y así es la naturaleza humana.

Asentada esa doctrina, una reflexión que comparto con muchos compañeros: cambiar para que nada cambie comporta retorcer la forma sin modificar el fondo, que es lo que deberíamos transformar si fuere preciso. Si en la moda de los intangibles todo es lo que parece, hay que estar a la última que —aunque sea una tontería— es precisamente corregir las denominaciones, cambiar las palabras para dar la impresión de que estamos ante algo nuevo y diferente, olvidando que la palabra es el mayor bien que posee el hombre. La palabra, el concepto, es todo. La palabra —solida, veraz, reflexiva y profunda— es el pilar que sostiene el mundo y hace posible todo lo que realizamos. Todo. Quien daña la palabra destruye el mundo. Y la palabra, el lenguaje, como explicó Heidegger, tiene dos funciones muy distintas: una función o valor instrumental —como medio para comunicarnos o informarnos—, y otra función o valor ontológico mucho más radical: expresar nuestro ser profundo y nuestro estar en el mundo, con todas sus dudas, inquietudes y oscuridades. Y esta función es absolutamente indispensable y es la que explora el pensamiento. Esta última y profunda función está siendo arrinconada, olvidada y dañada por la superficialidad y falsedad de la avalancha de comunicaciones instrumentales (redes fecales y *fake news* mediante) y a la que, entre todos, habremos de poner remedio.

Nos estamos perdiendo el respeto a nosotros mismos, olvidando —como nos enseñó Baltasar Gracián— que «la panacea de todas las necedades es la prudencia, porque cada uno debe conocer su esfera de actividad y su condición. Así podrá ajustar la imaginación a la realidad», y eso no ocurre cuando nos ponemos a lucir trampantojos coloridos en forma de pin sin nada detrás o, quizás, a inventar/especular —como si hubiéramos descubierto la pólvora— sobre las empresas y liderazgos con propósito, que no sé todavía lo que es, pero que parece un nuevo modelo que combina la conciencia social y el resultado económico. Es decir, lo que hemos perseguido siempre: el maridaje entre los resultados económicos y la función social de las empresas e instituciones; en síntesis, la Responsabilidad Social, el compromiso. Si el compromiso es la obligación que se contrae por una persona, una empresa o una institución, el propósito es el deseo o la intención de hacer algo, y no es lo mismo tener una obligación que la intención de hacer algo. No es lo mismo cumplir la ley y cuantas obligaciones de ella se derivan que el famoso «*soft law*»: si no cumplo tendré que explicar las razones del incumplimiento, pero tampoco pasa nada.

No precisamos propósitos ni buenas intenciones. Necesitamos dirigentes capaces y un nuevo contrato social que transforme España en un país más decente y mejor, y no podemos dejar que sean solo los políticos quienes se ocupen de llevar a buen puerto las legitimas esperanzas de los ciudadanos. No necesitamos más deseos de no se sabe qué sino propósito de enmienda para conjugar libertad y justicia –eso es la democracia– y ejercer el derecho y el deber de ser responsables, para participar en procesos que hagan oír las voces de los que luchan contra la injusticia social, para poder vivir la libertad de ser libres y, por tanto, iguales.

En las entrañas de este libro que tienes delante, promovido por la Cátedra de Ética y Responsabilidad Social de la Universidad Comillas, conviven sin estorbarse un compendio de las reflexiones y aportaciones de cuantos participamos en su seminario interno: profesores, doctorandos, directivos empresariales, consultores y personas que han hecho de la Responsabilidad Social y de la Sostenibilidad su inexcusable COMPROMISO. Personas que, atendiendo a la conseja de Ernesto Sábato, han entendido que la mejor manera de contribuir al cambio es no resignarse. Y en eso estamos y ahí seguiremos, tratando de reflexionar con coherencia y verdad para que nadie, como ocurre tantas veces cuando de intangibles se trata, sienta alipori, es decir, vergüenza ajena.

Juan José Almagro

Doctor Honoris Causa por la Universidad Católica de Córdoba
(Argentina). Doctor en Ciencias del Trabajo.
Abogado y primer Presidente de DIRSE

EPÍLOGO
ÉTICA Y ESTÉTICA EN LOS ODS

A lo largo de las páginas anteriores hemos recogido las interesantes reflexiones aportadas por personalidades del mundo de la academia y de la empresa que forman parte de la Cátedra Iberdrola de Ética Económica y Empresarial de la Universidad de Comillas. Dichas reflexiones fueron originalmente publicadas durante los últimos meses en Diario Responsable, fruto de un acuerdo marco de colaboración entre ambas instituciones. Como directora de esta publicación, tengo que decir que me siento muy honrada no solo por este primer trabajo, cuyo hilo conductor han sido los Objetivos de Desarrollo Sostenible, sino porque este trabajo colectivo va a prolongarse en el tiempo. La siguiente temática, que empezaremos a abordar a principios de 2022, tendrá a la ética empresarial como protagonista. En cuanto a este primer trabajo, tras leer todas las consideraciones de cuantos generosamente han contribuido a hacerlo posible, quiero permitirme añadir mis propias reflexiones.

En tiempos propicios a las simplificaciones, aun siendo poco recomendables, surge la tentación de buscar atajos para comprender mejor la complejidad. Puede ocurrir cuando se profundiza en la esencia de los 17 Objetivos de Desarrollo Sostenible (ODS), llamados a orientar el enfoque estratégico de las empresas y el propio desempeño socioeconómico que reclama el tiempo actual. Aquellos tienden a abarcar, sin duda, aspectos multidisciplinares, pero ¿cabe asignarles un hilo compartido y en buena medida común? Probablemente quepa señalar la ética, en tanto en cuanto fijarla como sustrato de los comportamientos entraña una cuasi asegurada garantía de cumplir todo lo demás. Es más, casi puede garantizarse que ajustarse a ella prácticamente garantiza el cumplimiento estricto de los ODS, más allá de la exhibición estética, venga en realidad fundamentada, o no.

El abanico a considerar es amplio, pero quizás no sea el único arco de bóveda que conviene fijar. Otro destacable bien puede ser la gobernanza, entendida en su sentido más amplio; esto es, propiciando un adecuado equilibrio entre los distintos grupos, desde los directa o indirectamente intervinientes a los colectivos destinatarios: propietarios, accionistas, inversores, acreedores, proveedores, empleados, consumidores... hasta el límite de la comunidad desde o sobre la que ejerce su actividad. Parte sustancial de la gobernanza es, por descontado, el proceso de toma de decisiones, posiblemente uno de los elementos que reclama particular consideración. Es perentorio incorporar de forma efectiva actitudes de transparencia, rendición de cuentas y, en suma, trato equitativo hacia todos los actores involucrados. Puestos a rotularlo con una sola palabra, habrá que elegir responsabilidad.

No cabe ocultar, en todo caso, la necesidad de eludir cualquier propensión a la ingenuidad. Verificar la observancia, si se prefiere el grado de cumplimiento de todos y cada uno de los ODS, se antoja fácil, o cuando menos más sencillo que formular una evaluación genérica del comportamiento ético o «aético» empresarial, pero una cosa no debería excluir a la otra. Quiere decir que quizás no se debería despreciar la opción de analizar en doble vía, es decir tanto en sentido directo, calibrando la gradación de cada objetivo, como de modo inverso, partiendo de la apreciación conjunta para determinar en qué medida se está cumpliendo cada objetivo. Podría ser una forma de reducir los riesgos de que los informes de sostenibilidad acaben más coloreados de falaz cumplimiento que indicativos de cuál es la realidad. De ahí la prevención frente a la ingenuidad.

Esquivando en lo posible la propensión exhaustiva, es interesante resaltar los dos ODS que cierran la lista. El 16 habla de paz, justicia y solidez de las instituciones, cuestiones largamente determinantes de la evolución social. Viene bien, a estos efectos, repasar la determinante «Por qué fracasan los países» (Acemoglu & Robinson), atender a la visión de Dani Rodrik o los trabajos sobre la Nueva Economía Institucional por los que North, Williamson y Ostrom merecieron el Premio Nobel. Mediante distintos enfoques, todos ellos destacan que el entramado institucional produce efectos económicos, al punto de que su eventual falta de calidad constituye —está demostrado empíricamente— un impedimento crucial para el desarrollo y la prosperidad colectivos. No menos destacable merece ser lo señalado en el 17 Objetivo: las alianzas como herramienta estratégica para la consecución de los restantes objetivos, acaso hasta el punto de poder sostener que, cumplimentando estos dos se cumplirían, de suyo, todos los demás.

Sería miope eludir que no faltan quienes se muestran condescendientes con estas orientaciones en aras de la sostenibilidad. Suelen rotularlas de moda y atribuirles formas añadidas de aherrojar y sobrecargar de costes de la actividad empresarial. Los hay también que anteponen la estética —antes se ha mencionado— a la ética como ingrediente esencial compartido por todo lo demás. Pero unos y otros se equivocan a menudo desde una prioridad cortoplacista y una filosofía de «todo vale» coherente con esa vocación de cuasi inmediatez. Debería bastarles con la experiencia acumulada… no más allá del cuasi colapso emergido a partir de 2007, o las varias evidencias que ha constatado la crisis provocada por el Covid-19. Aunque tampoco conviene engañarse: los ODS distan de ser cuestión privativa de las empresas, o materia susceptible de regulación y consecuente escarmiento si no se cumplen: atañen a la sociedad en su conjunto, sea como actores directos o en actitud exigente, discriminando a quienes recorren la senda adecuada… de los que no.

Almudena Díez Barba

Directora de Diario Responsable

ANEXO
GESTIÓN DE LOS ODS EN LAS RELACIONES PÚBLICO-PRIVADAS (RESUMEN SESIÓN CAUX ROUND TABLE)

Son muchos los estudios que nos vienen advirtiendo desde hace tiempo acerca de cuáles debieran ser las tareas que habríamos de acometer como humanidad, siempre y cuando decidamos que merece la pena apostar por el bien común, por el futuro de un planeta habitable y unas condiciones sociales que favorezcan el desarrollo de las personas, con un desarrollo económico sostenible que cree riqueza y la distribuya de manera equitativa entre todos los pueblos.

Podemos discutir si la agenda debemos extenderla a cinco, diez, veinte o más años. Cabe optar por rotularla bajo el rubro de «Agenda 2030» o más bien el de «Agenda 2050»… o cualquier otro, porque lo cierto es que mientras haya vida, no solo habrá esperanza, sino, sobre todo, cosas que hacer. También es posible discrepar de si la lista de «To Do» debe limitarse a 8 —como los Objetivos del Milenio— a 17, como los SDG— o si, por contra, debiéramos proponer 34. En todo caso, lo que sí procedería sería plantearse una cuestión intrigante acerca de si son todos los que están o si están todos los que son. Y, en definitiva, de si cabe hacer entre ellos distinciones de nivel o taxonomías que diferencien entre unos, más básicos, y otros, más adjetivos, accidentales o secundarios… Por supuesto es también lícito —e incluso deseable— plantear la cuestión respecto a si tales o cuales objetivos se cubren suficientemente bien con las metas que se les asignan, o si son adecuados los indicadores que se escogen para hacer recuento del avance y medir los progresos.

En el culmen de la mirada crítica cabría incluso el cuestionamiento de la propia agenda en su conjunto: ya porque pudiera resultar excesivamente tímida en sus aspiraciones, o tal vez porque, a otros ojos, constituyera una suerte de más de lo mismo, una especie de *déjà vu* destinado apalancar y mantener el *statu quo* insatisfactorio, injusto e insostenible… eso sí, al tiempo que se instrumenta una retórica políticamente correcta y se construye un relato fácil de narrar y de venta asegurada.

En todo caso, los ámbitos de problemas que nos topamos son obvios. De un lado, los sanitarios, conexos con la pandemia del Covid-19 y sus secuelas; de otra parte, los económicos: recesión, desempleo, deuda, impuestos; en paralelo están los problemas políticos. En todos los contextos y países parece generalizarse una más que preocupante exaltación de los ánimos, una polarización creciente que, a veces, estalla en tensiones y violencia inaceptable. El populismo y los extremismos de muy varado tenor —incluido el que representa el terrorismo— encuentran en estas realidades terrenos abonados para echar raíz y desplegarse, con el grave peligro que ello supone para la libertad individual, para la democracia como modo de organizar la convivencia, y para el Estado de Derecho como garante de la igualdad y del imperio de la ley. Si a lo anterior le sumamos lo relacionado con el medioambiente, habríamos abocetado con trazo grueso el dibujo de la tarea moral que nos debiera ocupar en los próximos tiempos.

De todo eso y de mucho más se podría discutir. En lo que no debiéramos perder el tiempo, sin embargo, es en la conveniencia de ponernos manos a la obra para mejorar las condiciones en que pueda desarrollarse la existencia. Tanto en lo físico y en lo biológico, cuanto en lo social y lo político, en lo cultural, y en definitiva en lo humano… Porque un mundo más justo requiere la voluntad moral, firme y perseverante, por consolidar valores tales como el respeto a la dignidad de las personas, la búsqueda de una igualad real de oportunidades para todos —hombres, mujeres, niños, ancianos— y en todas las latitudes y culturas, la apuesta por la solidaridad, el acceso a una educación que permita desarrollar los propios talentos y contribuir con ellos al bien común… Todo ello en el marco de instituciones bien articuladas y al servicio de la gente, con especial empeño en mejorar la situación de quienes más lo necesiten y menos recursos y capacidades más limitadas tengan.

La envergadura de los problemas a los que aludimos es formidable; y para acometer su resolución deberemos arrimar el hombro todos —ciudadanos particulares, Administraciones públicas, instituciones de la sociedad civil, empresas, etc.—. Y, además, hacerlo de manera innovadora y colaborativa, buscando incluso nuevos compañeros de viaje.

* * *

En la tarde del 13 de enero de 2021 se reunieron telemáticamente un conjunto de personas del Seminario Interno de la Cátedra y de otras interesadas en lo que significa y determina la Agenda 2030 en relación con las empresas y las organizaciones. La Cátedra lleva ya mucho tiempo ocupada en este tema, además de extenderlo a lo que significa la gestión de los intangibles y valores en el ámbito corporativo.

En este caso su interés principal era la gestión de los ODS en las relaciones y alianzas público-privadas. Sin embargo, la base y fundamento del debate tiene su origen en muy otros diversos ya mantenidos en el seno del Seminario y de la Cátedra de Ética Económica y Empresarial sobre la gestión de los intangibles en las grandes compañías, donde tienen presencia muchos de los contenidos planteados en la Agenda 2030.

En efecto, los ODS suponen un nuevo reto para la gestión de los intangibles (por ejemplo, RSC y marca) con cuestiones que todavía siguen pendientes en las empresas grandes y en las pequeñas y micro empresas donde el trabajo es mucho más necesario y también más difícil por falta de recursos. Por eso mismo son tantas y tan variados las metas establecidas en la Agenda 2030, y la complejidad de los ODS nos obliga a distinguir no solo las diferentes organizaciones, empresas, (dimensión, sector, naturaleza, etc.), sino también, las instituciones y organizaciones sociales (asociaciones, fundaciones, etc.), atendiendo siempre a los objetivos perseguidos y la naturaleza de su actividad. Esta complejidad nos obliga a centrar contenidos, y, en el presente caso, pondremos el foco en las relaciones público-privadas que caben derivarse del Objetivo 17 con la cuestión de las alianzas corporativas, aunque esta cuestión actúa de factor transversal en otros ODS. Y todo ello sin olvidar en ningún momento la importancia de ir implicando a los ciudadanos y a otras instancias sociales en una mayor preocupación y responsabilidad en el mejor desarrollo de estas cuestiones.

En el presente texto desarrollamos brevemente este aspecto que se ha debatido en el Seminario Interno, y que además fue muy enriquecido con la organización de un debate explícito sobre este tema y en el que participaron profesionales directamente afectados por esta cuestión.

Líneas de preocupación planteadas en torno a las relaciones público-privadas en las empresas

Las principales líneas que definieron los debates se concretaron en cuatro fundamentales, dirigidas todas ellas a un conjunto amplio de preocupaciones que, en opinión de los participantes, no estaban ni definidas, y menos todavía solucionadas. Este conjunto de cuestiones puede delimitarse en los siguientes apartados:

1. Los ODS suponen un reto innovador en la gestión de los intangibles empresariales

Sin duda los diferentes intangibles que las empresas grandes ya gestionan se enfrentan a nuevos contenidos que los ODS plantean en las diferentes metas para las empresas. Estas circunstancias conducen a diversificar sectores donde operan las empresas y a replantear los contenidos de cada meta propuesta, porque sin duda hay planteamientos que propiamente no se dirigen a ellas –cualquiera que sea su dimensión y tamaño– sino a las instituciones públicas y otras organizaciones del sector civil.

En muchas empresas, tanto públicas como privadas, los intangibles como la Responsabilidad Social y su comunicación han entrado un poco tarde e incluso han originado tensiones, algunas de las cuales no se han resuelto todavía. Esto significa que las relaciones o alianzas que las empresas puedan establecer deben tener resueltos estos temas si todavía no lo están. Por eso mismo, muchas empresas a la hora de plantearse alianzas con otras compañías o el uso de los apoyos públicos plantean dificultades, dirigiéndose a la utilización de subvenciones o poco más. Estas circunstancias reducen mucho las posibles colaboraciones en el intento de evitar problemas. Sin embargo, estas nuevas circunstancias que comentamos obligan a redefinir lo que significan los sistemas de regulación y autorregulación que, aunque para muchos sectores suponen una ayuda, quedan sin embargo muy reducidos a puras cuestiones normativas que formalizan y dificultan el cumplimiento de la ley y los contenidos autorreguladores firmados por las compañías.

En este sentido, se plantean unas preguntas que normalmente no se contestan:

- *¿Son conscientes las empresas españolas de las ventajas que suponen las alianzas y la necesaria colaboración en muchos sectores entre lo público y lo privado?*

- *¿Se deben distinguir con claridad la naturaleza y el alcance del sector donde opera la compañía de la importancia de lo que significa la iniciativa privada, su alcance y posibilidades respecto a los colectivos sociales donde opera la organización?*

2. Los ODS exigen un mayor conocimiento de lo que significan y son los bienes públicos para las propias empresas y la Administración pública

En España hay bastantes instituciones públicas y empresas que desconocen lo que significa un bien púbico. Un bien público no pertenece ni al Estado y tampoco es de las empresas, que puedan gestionar su aplicación o desarrollo. Un bien público es de todos los ciudadanos y, por ello, la principal responsabilidad en cualquier alianza público-privada es la naturaleza y eficacia de su gestión. Este tema muchas veces se olvida, porque de hecho no se tiene en cuenta que un intangible requiere un mayor plazo en su compromiso y desarrollo que el exigido a las propias Administraciones públicas. Es verdad que este tema ha mejorado y va camino de mejorar, dado que el trabajo realizado por las multinacionales españolas ha ayudado mucho en este sentido. La Agenda 2030 requiere a todas las organizaciones aclarar con determinación lo que significan los bienes que se gestionan, su naturaleza y alcance, y olvidarse de lo que antiguamente significaba nacionalizar o privatizar un bien público.

En este sentido, para la alianza público-privada en España es importante además saber distinguir la gestión y el bien que esta atiende y superar en todos los sentidos una equivocada concepción que tienen algunas Administraciones españolas de la propiedad del bien que gestionan. Por eso la Agenda 2030 indica al Estado, casi exclusivamente, que debe ser un buen gestor de los bienes públicos que pertenecen a los ciudadanos y a la empresa a tener conciencia de lo que significa gestionar un bien que tampoco le pertenece.

A la hora de observar los ODS, estas nuevas circunstancias cobran un especial interés y conducen a preguntas como las siguientes:

- *¿Es correcto sustituir la propiedad de un bien público con la gestión que quepa realizar?*

- *¿Realmente son el Estado o las empresas que gestionan bienes públicos los propietarios de los bienes públicos, o realmente lo son los ciudadanos?*

Estas cuestiones también alcanzan a las organizaciones civiles que, lógicamente, deben atender y aclarar en todos sus extremos muchos de los contenidos relacionados con temas tan importantes, pero también tan amplios en su significado, como lo que significa la igualdad, la pobreza, la justicia, etc.

3. Las metas relacionadas con proyectos relacionados con la aplicación de los ODS deben superar la perspectiva del corto plazo y atender al medio y largo plazo en la consecución de objetivos

La consecución de los objetivos perseguidos en la Agenda 2030 pertenecen al medio o al largo plazo. Los ODS, como cualquier intangible, están sujetos a una gestión de largo plazo, y el desarrollo de sus proyectos así lo requiere. Es tradicional en las empresas el corto plazo exigido por los objetivos financieros o de negocio, pero la Agenda 2030 pide proyectos que se sumen al propósito de la compañía. Esta exigencia también es aplicable a las Administraciones, cuyos objetivos normalmente quedan sujetos a los límites temporales del mandato político y que necesitan aprender lo que significa el medio y largo plazo. Las empresas acostumbradas a la gestión de intangibles comprenden mejor esta exigencia, pero muchas veces esta tarea es más difícil de aceptar por las Administraciones públicas, sujetas a un determinado programa político.

Estas circunstancias son complejas y varían en cada caso, pero parece todavía un problema real para las relaciones entre las empresas y las Administraciones públicas. En efecto, a la hora de gestionar un ODS concreto, lo público es más cortoplacista (determinado por el partido en el poder) y lo privado atiende más al medio y largo plazo. Por eso es importante saber con claridad lo que significa y el alcance que tiene la siguiente pregunta:

- *¿Supone esta relación un problema para la mejor consecución de las alianzas corporativas?*

- *¿Qué otros retos cabe observar?*

Estos problemas postulan nuevas cuestiones que deben tenerse en cuenta y que se relacionan directamente con el sector donde operan las empresas. Sin duda, el sector reduce y materializa las alianzas y, en este sentido, las colaboraciones entre lo público y lo privado ayudará sin duda a construir, como de hecho ya se está haciendo en España, proyectos multisector, cuyos resultados se podrán observar en el medio plazo, y cuyo desarrollo en tiempo real ya está siendo muy fluido.

4. Requisitos para una fructífera relación público-privada

Las empresas privadas tuvieron una ventaja en la gestión de los ODS y también están empezando a materializar no solo los dividendos económicos, sino también sus dividendos sociales y ambientales. El impulso de la Directiva sobre Información No Financiera en Europa ha supuesto un cambio en la transparencia y una perspectiva más amplia desde el punto de vista de la gobernanza empresarial. Mientras tanto, al menos en España, las entidades públicas van un paso por atrás, pero están empezando a actualizar sus procedimientos y transformar lentamente su cultura. Un caso particular es el de las empresas públicas, que funcionan como «empresas» pero que son propiedad de una entidad pública. Estas podrían ser una excelente referencia para encontrar las mejores prácticas que se exportarán a otras alianzas público-privadas.

También se recogieron algunos requisitos para una relación público-privada fructífera:

- *Responsabilidad y transparencia*

- *Relación a largo plazo*

- *Selección de participantes (análisis de las fortalezas y debilidades de cada uno)*

- *Sólida ética para poder emprender proyectos con profundidad social e impacto en los ciudadanos.*

REFERENCIAS

1. ODS, organizaciones y decencia

- S. Zamagni, *El fundamento ético y la crítica a la responsabilidad social de la empresa* en *Por una economía del bien común*, Ciudad Nueva, Madrid 2013 (pp. 175-203)
- J. Corominas & J.A. Pascual, *Diccionario etimológico castellano e hispánico*, (4 v.) Gredos, Madrid 1980.

3. Los ODS, un gran proyecto ético de corresponsabilidad solidaria

- Cortina, A. (2009). *Ética de la Razón Cordial. Educar en la ciudadanía del siglo XXI* (2a). Oviedo: Nobel.
- Levinas, E. (2016). *Totalidad e Infinito. Salamanca*: Sígueme.
- Losada, M. (2005). *La responsabilidad para con el otro: una crítica a occidente*. Universitas Philosophica, 44–45, 39–62.

6. ¿Cómo facilitar las metas de la Agenda 2030? Hacia un consumo ético y responsable

- Blokhuis, H. J., Jones, R. B., Geers, R., Miele, M., & Veissier, I. (2003). Measuring and monitoring animal welfare: transparency in the food product quality chain. *Animal Welfare*, 12(4), 445-455.
- Campbell, T. C., Parpia, B., & Chen, J. (1998). Diet, lifestyle, and the etiology of coronary artery disease: the Cornell China study. *The American journal of cardiology*, 82(10), 18-21.
- Donaldson, S., & Kymlicka, W. (2011). *Zoopolis: A political theory of animal rights*. Oxford University Press.
- Francione, G. (2010). *Introduction to animal rights: Your child or the dog?* Temple University Press.
- Harrison, R. (1964). *Animal Machines*. Vincent Stuart Ltd: London, UK
- Levitt, T. (2020). Farm animals and pandemics: nine diseases that changed the world. The Guardian, recuperado de: https://www.theguardian.com/environment/ng-interactive/2020/sep/15/covid-farm-animals-and-pandemics-diseases-that-changed-the-world
- Machovina, B., Feeley, K. J., & Ripple, W. J. (2015). Biodiversity conservation: The key is reducing meat consumption. *Science of the Total Environment*, 536, 419-431.
- Mekonnen, M.M., Hoekstra, A.Y. (2012) A Global Assessment of the Water Footprint of Farm Animal Products. *Ecosystems* 15, 401–415 (2012).
- Novo, M. (1998). *La educación ambiental: bases éticas, conceptuales y metodológicas*. Editorial Universitas.
- Nussbaum, M. C. (2009). *Frontiers of justice: Disability, nationality, species membership*. Harvard University Press.
- Pradhan, P., Costa, L., Rybski, D., Lucht, W. and Kropp, J.P. (2017), A Systematic Study of Sustainable Development Goal (SDG) Interactions. *Earth's Future*, 5: 1169-1179.
- Regan, T. (2004). *The case for animal rights*. Univ. of California Press.

- Singer, P. (1990) *Animal Liberation*, 2nd edition. Avon Books: New York, USA.
- Walker, R., Browder, J., Arima, E., Simmons, C., Pereira, R., Caldas, M.,... & de Zen, S. (2009). Ranching and the new global range: Amazônia in the 21st century. *Geoforum*, 40(5), 732-745.

12. Fundamentos normativos de una sociedad buena en la era de la sostenibilidad

- Benavides Delgado, J. y Fernández Mateo, J. (2020). *Los límites de la sostenibilidad.* Navarra. EUNSA.
- Foucault, M. (1984). La ética del cuidado de uno mismo como práctica de la libertad (Entrevista con Michel Foucault realizada por Raúl Fornet-Betancourt, Helmut Becker y Alfredo Gómez-Muller el 20 de enero de 1984). *Revista Concordia*, 6, 96-116.

15. Todos los ODS empiezan en la educación

- Vídeo Congreso CRS7. Ponencia César Bona.
- Organización de las Naciones Unidas para la ciencia y la cultura. (2015). Replantear la educación: *¿Hacia un bien común mundial?*
- Altarejos, F., & Naval, C. (2011). *Filosofía de la educación* (3a). Eunsa.
- Martín, D. (2017). *¿Por qué educamos?* LID.
- Morin, E., Roger, E., & Motta, R. (2003). *Educar en la era planetaria.* Gedisa.
- Savater, F. (2003). *Los caminos para la libertad. Ética y educación.* Fondo de Cultura Económica.

17. ¿Por qué todo parece derrumbarse? Una crítica moral de nuestro tiempo

- Friedman, Milton (1966). *Capitalismo y libertad.* Madrid: Rialp.
- Röpke, Wilhem (1996). *Más allá de la oferta y la demanda.* Madrid: Unión Editorial.
- Wittgenstein, Ludwig (1989) *Conferencia sobre ética.* En: Doce textos fundamentales de la Ética del siglo XX. Madrid: Alianza.
- *Wittgenstein*, Ludwig (2006). Sobre la certeza. Barcelona: Gedisa.

19. Recta final para la Agenda 2030. ¿Nos falta tiempo?

- https://energiasinfronteras.org/

22. ¿Qué sostiene a la Sostenibilidad?

- Fernández, J. L. (2018): *Empresa y gestión sostenible.* Ed. Digital Reasons.
- Melé, D. (2003): The challenge of humanistic management. *Journal of Business Ethics*, 44 (1), 77-88.

23. Los derechos de las mujeres son Derechos Humanos: ODS 5 sobre la igualdad de género Y ODS 4 y el acceso a una educación de calidad

- Camps, V. (Ed). (1988). *Historia de la ética*. Editorial Crítica.
- Fernández, J. (2020). *Fundamentos de la ética empresarial: ética individual y ética organizacional. En Ética, deontología y Responsabilidad Social Empresarial*. Madrid: Esther Valbuena y Abel Monfort (editores).
- Cortina, A. (1992). *Ética sin moral*. Editorial Tecnos.
- Cortina, A. (2017). *Aporofobia, el rechazo al pobre: Un desafío para la democracia*. Paidós.
- Ghelen(1987) *El Hombre. Su naturaleza y su lugar en el mundo*. Sígueme.
- UNICEF (2020) ¿Cuántos niños y jóvenes tienen acceso a internet en casa? https://data.unicef.org/resources/children-and-young-people-internet-access-at-home-during-covid19/
- ONU, 1948. Declaración Universal de los Derechos Humanos de 1948. https://www.ohchr.org/EN/UDHR/Documents/UDHR_Translations/spn.pdf

24. Los ODS son necesarios pero no suficientes

- Informe de los ODS 2021 (https://unstats.un.org/sdgs/report/2021/)

25. UNA Ética cosmopolita para generar una renovada cultura corporativa

- Adela Cortina, *Ética cosmopolita*, Paidós. Madrid, 2021.
- Santiago Muñoz Machado, *Vieja y nueva Constitución*, Crítica, Barcelona, 2016.
- David Held, Cosmopolitismo, Alianza, Madrid, 2012.
- Otfried Höffe, «*Cosmopolitismo universal. Sobre la unidad de la filosofía de Kant*», en: *Cosmopolitismo: democracia en la era de la globalización,* Dulce María Granja Castro y Gustavo Leyva (Eds.), Anthropos, Barcelona, 2009.
- José Gómez Caffarena, *Teismo moral*, Ediciones Cristiandad, Madrid, 1984.
- Raimon Panikkar. *Ecosofía la sabiduría de la tierra,* Edición Jordi Pigem, Fragmenta editorial, Barcelona, 2021, p. 37.
- Edgar Morin, *El Método* 6, Cátedra, Madrid, 2006.
- John Ruggie: Just Business: *Multinational Corporations and Human Rights*, Norton & Company, Nueva York, Londres, 2013.

26. Nuevos actores para el suministro eléctrico del futuro y acceso universal a la energía en la base de la pirámide

- Ares, A. (2020) *Recreando la hospitalidad en un mundo diverso*. Veritas, N.º 45 (abril 2020) pp. 19-38.
- Camps, V. (2017). *Breve historia de la ética*. RBA Libros, S.A.